Exercise and Sport Physiology A primer for beginners

1から学ぶ スポーツ生理学

第3版

日本体育大学教授
中里　浩一

日本体育大学教授
岡本　孝信

日本体育大学教授
須永美歌子

NAP
Limited

第3版 序文

　本書は2012年4月に発刊してほぼ10年を経過していますが，2016年4月に版を改めており，今回が2回目の改訂となります。文部科学省検定済教科書は4年に1度の改訂であり，それとほぼ同一サイクルといえるかもしれません。文部科学省検定済教科書は時代の要請に基づき，その学びの内容も変化します。一方で「解析概論」「ファインマン物理学」「細胞の分子生物学」や「標準生理学」といった，ときに名著とも呼ばれる大学の教科書は，版を重ねるものもあれば重厚な内容をそのまま引き継ぐものもあります。大学の教科書が改訂される場合は学問の進展に伴うものが多く，先ほど取り上げた「細胞の分子生物学」の最新版は第1版の倍のページ数になっています。

　第2版の序文には，スポーツ生理学分野の進展を意識した改訂を行った旨を記載しました。その考え方は今回の改訂でも踏襲されています。また第2版改訂の時に取り上げた女性とスポーツについては，現在その重要さが広く認識されています。女性アスリートの活躍はもちろんのこと，女性を支える科学技術としてフェムテック（female technology）という言葉が出現するに至っています。第2版の改訂は基本に忠実でありながら時代を先取りした改訂であったと自負しています。

　第3版の改訂にあたり，世界的な感染症の大流行（パンデミック）を経験したことは大きな影響を与えました。大学はロックアウトされ講義はすべてオンラインになり，学生とは対面ではなくオンラインで会話をする機会も増えました。一方，この災禍の中で遠隔地教育に活路や可能性を見出した教員も多かったと思います。本学においてもコロナ禍の中で学びを止めないさまざまな工夫がなされました。

　以上のような観点から，第3版では大きく以下の3点を変更することとしました。1点目は科学の進展に基づいた改訂です。大幅な書き換えこそありませんが，随所に加筆訂正が加えられています。2点目は章末の確認問題です。こちらは自学自習がしやすい形に改変しました。3点目は教科書の内容ではありませんが，電子版教科書の発刊です。このことにより，書店に足を運ぶことなく学修する環境を得ることができます。特に2点目および3点目は，感染症によって形作られた新しい学びのスタイルに伴った改訂であり，時代の要請といえるかもしれません。

　初版の序文で述べた通り，スポーツ生理学を学修したいと思っているすべての皆様にとってその手助けになることを心より祈る気持ちに変わりはありませんが，今回の改訂によってその学びの可能性がさらに広まることを期待します。

2022年3月

著者を代表して　中里　浩一

第2版 序文

　2012年4月に「1から学ぶスポーツ生理学」を発刊してから多くの方にさまざまなご意見をいただきました。図らずもというと著者の言葉としては少し無責任に感じられるかもしれませんが，おおむね好意的なご意見であり大変ありがたく感じました。また著者らの本務校である日本体育大学のみならず，数多くの教育機関において教科書に採用していただいたことは望外の喜びでした。

　さまざまなご意見の中には単純なまちがいのご指摘もありました。われわれ著者が講義で用いていて不都合を感じる箇所もありました。今回版改訂のご提案があった折，単純なまちがいの変更はもちろん，それ以外に変更すべき点を著者間で協議しました。その結果，大きく以下の2点を変更することにしました。

　1点はコラムの追加です。スポーツ生理学は長い歴史を経て積み上げられてきたものであり，実験科学に裏づけされたゆるぎない内容が大部分です。一方で，これは初版の序文でも触れましたが，競技スポーツ科学あるいは健康スポーツ科学の最前線は常に考え方の見直し，データの収集が行われている分野でもあります。同じ書物の中でこの両者を包含することは通常困難ですが，日々研究の現場にも触れている著者らとしては，日進月歩のスポーツ生理学の研究現場の雰囲気だけでも伝えることはできないかと思案しました。その結果，各章にコラムを加えることにしました。ただし最先端の研究を紹介すること以上に，教科書の一歩先に興味をもってもらえるような内容にすることで初学者にも親しみをもってもらえることを意識しました。

　2点目は「女性とスポーツ」の章の追加です。初版を発刊して以降，パラリンピック選手や女性スポーツ選手の活躍に注目が集まるようになってきています。それと同時に女性スポーツ選手の健康やスポーツにおける性差にも関心が寄せられるようになりました。すでに日体大では女性スポーツ選手を対象とした先駆的な研究が行われています。これまでのスポーツ生理学の教科書では女性スポーツを大きく取り上げたものは少なく，本書の重要な特色になると思います。

　初版の序論で述べた通りスポーツ生理学を学習したいと思っているすべての皆様にとって，本書がスポーツ生理学を理解するうえでの手助けになることを心より祈っております。

2016年3月

著者を代表して　中里　浩一

序　文

　私は 2003 年度より日本体育大学にて学部や大学院でスポーツ生理学やそれにかかわる講義を担当してきました。途中 1 年間のブランクがありましたが，計 8 年間さまざまな学生さんたちと接してきました。そのなかで強く印象に残っているのは競技者，コーチ，トレーナー，教員など目標はさまざまでも，意識の高い学生さんほど自分の目標に必要な知識を貪欲に求めているということでした。それはやみくもに練習をしているだけでは勝てないし，自分が指導者になったときに適切な指導ができないという真摯な気持ちの現われにほかならないと思います。

　その一方で生理学，とりわけスポーツ生理学はいわゆる学際的な領域であり，基盤となる知識は化学や生物学をはじめとして多岐にわたります。そして科学技術の進歩に合わせていまもその領域は拡大しています。しかも競技の場面では，最新の研究を取り入れより高いパフォーマンスを得ようとしています。高等学校を卒業したばかりの学生さんがスポーツ生理学が対象とするすべての内容を学習し，それらすべてを咀嚼し現場で活かすということは，そう容易ではないということは講義担当者として実感してきました。

　本書はスポーツ生理に関する知識を希求している学習者と最新のスポーツ生理学とをつなぐ架け橋のような役割をもたせることを目標として作成されました。特に導入では可能な限り平易な表現や例を出すことを心がけながらも，最終的に到達するところはある程度最近の研究内容も含まれているかあるいは理解できるということを目指しました。本書の「1 から学ぶ」という名称はそのような意味合いが含まれています。

　生理学の理解を困難にしているそのほかの要因として，生理学における学習内容が多段階・多要因の事象であるということがあげられると思います。学習者の多くはまず各臓器別に生理学を理解しようとします。しかし，結局競技におけるパフォーマンスは多臓器間の相互作用の結果ですので，知識と実際のスポーツ現場との乖離が発生する原因になりかねません。そこで本書では，生理的な事象は多臓器の相互作用の結果であるという理解を助ける試みとして序章を設定しました。序章には各章（各臓器）の関連性が記載されています。内容として決して十分とはいえませんが，生理学的事象の全体像を理解することの一助になればと思います。

　今回の執筆は日本体育大学でスポーツ生理学の講義を担当している全教員が分担して行い，最終的には全員でその内容を精査しました。したがいまして，本書に含まれる内容は本学の学生さんたちをはじめとする競技スポーツにかかわる人たちにとって学んでほしいものであるということと，初学者であっても読み進めていくことができる程度の難易度であるということを確認しています。特に本学の学生さんにとっては本書を講義と併用することで一層の学習効果が期待できると思われます。

　スポーツ生理学を学習したいと思っているすべての皆様にとって，本書がスポーツ生理学を理解するうえでの手助けになればこのうえない幸せです。

2012 年 4 月

著者を代表して　中里　浩一

目　次

序　章

恒常性を維持しようとする
からだとスポーツ

　この教科書は，筋肉（筋）や心臓などスポーツを行う際に重要な臓器や組織について，臓器別・組織別にそれぞれを説明するような内容になっています。

　ところが，からだのなかで臓器はそれぞれ別々にあるわけではなく，互いに影響を受けたり，与えあったりしています。そのときの重要な考え方として，からだの内部環境を一定に保とうとする働きがあるということがあげられます。

　この序章では，この教科書を読む際の前提として，スポーツに対する適応・変化をからだ全体の変化としてとらえてみたいと思います。

　なお，この章のいろいろな箇所に関連した章を示してあります。より深く勉強する際には，それぞれの章を参照してください。あるいは，それぞれの章を勉強した後に改めてこの章を読んでみるのもいいかもしれません。

I. 細胞外液はからだの内部環境である

1. ヒトのからだは細胞でできている

　地球上には約70億人の人間がいます。それぞれの人間は，それぞれに小学校や中学校に行ったり，仕事をもっていたり，子育てをしたりとさまざまです。ところが，人間は共通に誰でも酸素を吸って二酸化炭素を吐き出します。食べ物を食べてエネルギーを得ることも共通ですし，老廃物を排出することも共通です。

　ヒトのからだは約100兆個もの細胞でできています。細胞のなかでも赤血球はその数が多く，約25兆個あります。細胞は種類ごとにそれぞれ役割をもっています。赤血球であれば酸素や二酸化炭素の運搬が主な役割ですし，筋細胞は力を出すことが主な役割です。ところが，すべての細胞に共通しているのは，酸素を使って栄養素をエネルギーに変え，二酸化炭素や老廃物を排出していることです（図1）。

2. 細胞外液は体内環境である（第1章, 第2章, 第5章, 第6章, 第8章）

　ヒトのからだのおよそ60％は水であり，そのうちの2/3は細胞内に存在する細胞内液で，残りの1/3は細胞の外にある細胞外液です。細胞は細胞外液のなかに浸(ひた)っている状態であり，ヒトにとっての環境と同様，細胞外液はまさに体内環境そのものです。

　ヒトは大気から酸素を取り込み，大気へ二酸化炭素を排出します。細胞も，その種類によらず，ヒトと同様に細胞外液から酸素を取り込み，二酸化炭素や老廃物を排出します。その際，細胞外液に適切な量の酸素や栄養素などが含まれており，かつ老廃物は適切に除去されていることが重要です。

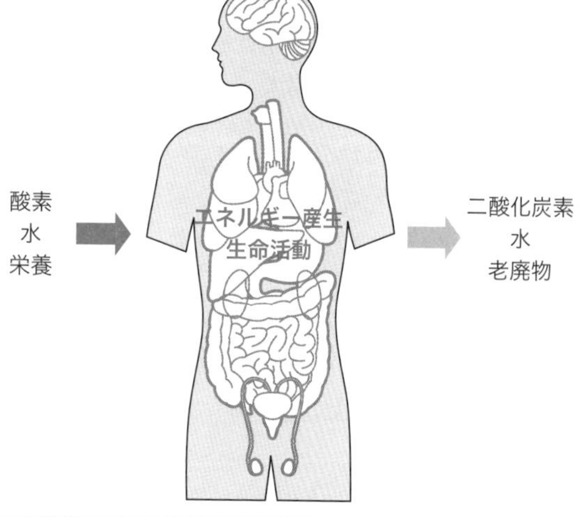

酸素
水
栄養

エネルギー産生
生命活動

二酸化炭素
水
老廃物

図1　すべての臓器は酸素を取り込んで二酸化炭素を排出している

II.　ヒトのからだは常に細胞外液の"恒常性"を保とうとする

1.　恒常性（第8章）

　細胞は細胞外液に浸っているので，細胞外液が常に適切な状態でなければ死滅してしまいます（図2）。したがって，からだのなかのすべての臓器・組織は，からだの内部環境，すなわち細胞外液を一定に保とうとします。このようなからだの働きを恒常性あるいはホメオスタシスと呼びます。恒常性とは，常に一定な状態を保つことを意味しており，ここでは細胞外液を一定な状態に保つことを指しています。

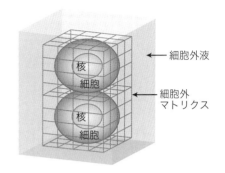

図2　細胞は細胞外液に浸っている
ほとんどの組織では細胞外マトリクスが骨格構造を形成し，そのなかに細胞が存在している。そして全体として細胞外液に浸っている。

2.　体内の細胞外液の循環が細胞外液の恒常性を保つ（第6章）

　細胞外液の大部分は，血液の流れにしたがって体内を循環します。体内の血液は，安静時であればほぼ1分で体内を1周します。運動中は筋肉が多くの酸素を利用し，二酸化炭素を排出するため，血液が体内を循環する速さを速くすることで体内の恒常性を保とうとします。血液循環の速さは，心臓の拍動の速さや心臓が1回に血液を送り出す量によって決まります。

3.　からだのさまざまな臓器が細胞外液の恒常性を保つ（第2章，第3章，第5章，第6章）

　図3に体内の血液循環を示します。たとえば，運動中は酸素をより多く必要とするため，呼吸の回数は多くなりますし，取り込んだ空気は肺を通じて酸素を血液に送り，二酸化炭素を血液から除去します。

　消化管（胃腸）は栄養を吸収し血液に送ります。ただし胃腸で吸収した栄養はそのまま細胞にいきわたるわけではなく，肝臓が適切な量になるように調節（貯蔵）をして，細胞外液を一定に保とうとします。運動中はより多くの栄養素を消費してエネルギーを得ようとするため，肝臓で蓄えた栄養素を血液中に流すことで不足した栄養素を補い，細胞外液を一定にしようとします。運動中にエネルギーをつくる途中で出た老廃物は，肝臓で処理あるいは腎臓で除去されることで細胞外液を一定な状態に保とうとします。

　筋肉はスポーツのような強い外力がかかるような環境下において，肥大することで必要な力を出すといったように，外的な環境に対してからだが損傷を受けないようにするというかたちで恒常性を維持しようとします。筋肉自体が，スポー

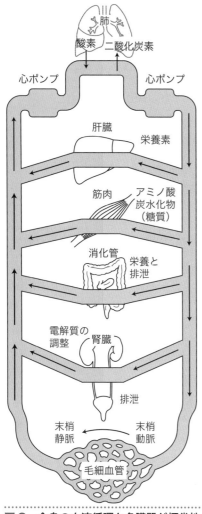

図3　全身の血液循環と各臓器が恒常性（ホメオスタシス）に果たす役割
さまざまな臓器がそれぞれに細胞外液の恒常性に寄与している。

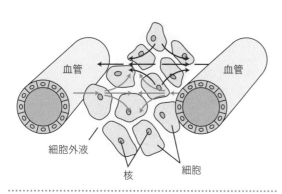

図4　毛細血管と細胞の関係
細胞は細胞外液を介して物質のやりとりをする。

ツ活動時のみならず安静時においても多くのエネルギーを消費するため，結果的に細胞外液への過剰なエネルギー蓄積を予防する働きがあるということも，近年わかってきました。さらには全身のアミノ酸の貯蔵庫としての役割も指摘されています。

　スポーツを行うことは，からだにとっては内部環境が大きく変化することにほかならず，前述したとおり，スポーツを行うたびに多くの臓器が内部環境を一定に保つ努力をします。同じ練習を長期間にわたり繰り返し行うと，からだはその練習を行っても内部環境の恒常性が保たれるように適応・変化するとみなすことができます。練習あるいは種目によって，内部環境の変化はさまざまであるため，同じスポーツ選手であっても，種目ごとにその適応・変化は異なります。たとえば，同じ陸上選手であっても，短距離の選手と長距離の選手では，その体型がまったく違うことがあげられます。

4. 毛細血管は細胞と細胞外液とが物質のやり取りをする場所である
（第6章，第8章）

　細胞外液は血液として**図3**のように，動脈を通じて各臓器に送られます。臓器まで送られた血液は最終的に毛細血管を通過する際に細胞と物質のやり取りをします。

　図4に毛細血管と細胞の関係を示します。細胞同士は密着している場合もありますが，それぞれが単独に存在する場合もあります。共通しているのは，細胞外液に接していることであり，細胞は細胞間に存在する細胞外液と物質のやり取りをします。毛細血管の壁は，物質を通すことと，毛細血管における血液の流れが非常に遅いために，細胞間に存在する細胞外液と毛細血管内の血液と物質交換をすることができます。

　毛細血管の壁を通した物質交換は，濃度

勾配にしたがって行われるため，運動をして酸素が不足している場合には，血液から酸素が細胞外液に渡され，二酸化炭素は逆に細胞外液から血液に渡されます。このように細胞外液は常に血液と物質交換をして混ざりあうため，細胞外液は一定に保たれようとします。

　たとえば，ランニングなどを続けていると，脚の筋肉の毛細血管が増えることが知られています。ランニングを続けている人の脚の筋肉は，酸素や栄養をたくさん消費するため，酸素や栄養を多量に送りこんで細胞外液が一定になるように毛細血管が増加したとみなすことができます。

III. 神経系と内分泌系は細胞外液の恒常性を保つ司令塔である

1. 神経系はからだ全体の恒常性を見張り，命令を下す（第4章）

　からだのどの部分を触られても，どこをどれくらいの力で触られたかがわかるように，神経系は全身に張り巡らされています。

　神経系の役割は大きく①感覚受容，②中枢，③運動命令に分けられます。たとえば，運動中に血液内の二酸化炭素濃度が増えると，その濃度変化を動脈のなかにあるセンサーが感知します。すると，その情報は神経を通じて呼吸をコントロールする呼吸中枢へ伝えられ，呼吸中枢から神経を通じて呼吸を速める命令が下されます。その結果呼吸が速まり，二酸化炭素排出が促進され，結果的に細胞外液の恒常性が保たれます。細胞外液に限らずからだのさまざまな箇所でさまざまな情報を集め，その情報を使って神経はからだの恒常性を保とうとします。

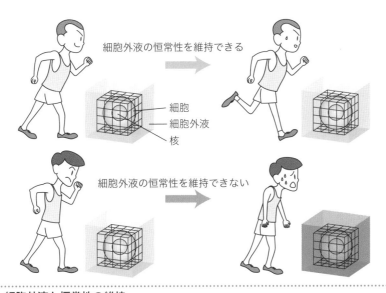

図5　細胞外液と恒常性の維持

2．内分泌系は血流を介して全身に指令を伝える（第7章）

　生体内にはホルモンと呼ばれる物質があります。ホルモンは血液中に分泌される化学物質であり，それぞれのホルモンにはそれぞれに伝える情報があり，伝える相手も決まっています。

　たとえば，アドレナリンと呼ばれるホルモンは，心拍数を高める働きをもったホルモンであり，結果的に血流は速くなります。アドレナリンは運動時に血液中に多く分泌され，血液の流れを速めることで細胞と細胞外液との物質交換の頻度を高め，恒常性を保とうとします。ホルモンの分泌は神経あるいはホルモン自身によって調節されています。

　このように，運動時に血液中にホルモンが分泌されることで全身にその命令が伝わり，命令が伝えられた臓器・組織はからだの内部環境を一定に保つように働こうとします。神経系の命令は神経を介した速い情報伝達であり，その命令の持続は短時間ですが，内分泌系は遅い情報伝達であると同時に比較的持続した命令です。

IV．スポーツと細胞外液の恒常性

　これまで述べたとおり，スポーツは多くの栄養と酸素を消費し，二酸化炭素や老廃物を排出します。細胞外液の恒常性を保つために，からだは急性的あるいは慢性的に変化します。恒常性を保つための変化は単独の臓器のみで起こるのではなく，細胞外液それ自身や神経系，内分泌系などを介した多臓器の相互作用の結果であるといえます。

第1章
スポーツ生理学の化学的基礎 1
ー炭水化物, 脂質, タンパク質ー

　炭水化物, 脂質, タンパク質は, ヒトのからだを形づくる主要な化学物質です。たとえばタンパク質は, 運動のための組織である筋肉, 靭帯, 腱, 骨の主要な構成成分ですし, 脂質は皮下脂肪や内臓脂肪です。

　炭水化物, 脂質, タンパク質は栄養素としても重要であり, たとえば炭水化物は, スポーツ活動中の主要なエネルギー源になります。

　この章では, 炭水化物, タンパク質, 脂質のヒトのからだのなかでの分布やスポーツにおける役割などを説明することで, スポーツ生理学の化学的基礎を学んでもらいたいと思います。

I. スポーツに重要な栄養素は 6 つある

　ヒトのからだに必要な 5 つの栄養成分（炭水化物，脂質，タンパク質，ビタミン，ミネラル）を五大栄養素と呼びます。スポーツ活動中は発汗などにより体内の水分を多く失いますので，五大栄養素以外に加えて水分も重要な栄養素であるといわれます（図1-1）。

　これらの栄養素の体内に占める割合をみると，水が最も割合が高く，ついで脂質，タンパク質，炭水化物の順になります（図1-2）。特にタンパク質，脂質，炭水化物を三大栄養素と呼びます。これらに共通な特徴は主に炭素原子，水素原子，酸素原子からできているということです。すなわち，これらの栄養素は共通の原料でできているということです。そのため，たとえば炭水化物を食べても体内で脂質になってしまうといったようなことが起きるわけです。

　栄養素という表現をすると食べ物との関連性が強くなってしまいますが，三大栄養素がからだのなかのどこにあって，スポーツ活動中にどういった働きをするのかということを意識することは，スポーツ生理を理解するうえで大変重要です。

II. グリコーゲンとグルコースは生体内の重要な炭水化物である

　炭水化物は大きく単糖類，二糖類，多糖類に分けられます。単糖類（グルコース，フルクトース，ガラクトース，リボースなど）は，1 つの糖をもつ糖分子からできています。二糖類（マルトース，スクロース，ラクトース）は単糖類が2つ結合して構成されています。多糖類（デンプン，グリコーゲンなど）は 10 個以上の単糖類から構成されています（図1-3）。

　からだのなかで特に重要な炭水化物（糖質）は，単糖であるグルコースとグルコースがつながった多糖であるグリコーゲンです。前述したとおり，炭水化物は体内にはごく微量（体重 80 kg の人で約 500 g）しかありません。体内で最も量が多い炭水化物は多糖であるグリ

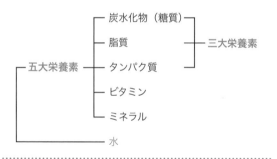

図1-1　栄養素
栄養学的な観点から，炭水化物はさらに糖質と食物繊維に分けられます。糖質は消化することが可能ですが，食物繊維は難消化性といわれ，消化されない（にくい）性質があり，この性質を利用して両者を区別しています。この本では，炭水化物のなかでも糖質の役割を説明するときは炭水化物（糖質）という表現を使います。

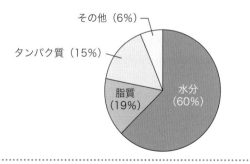

図1-2　体内に占める栄養素の割合

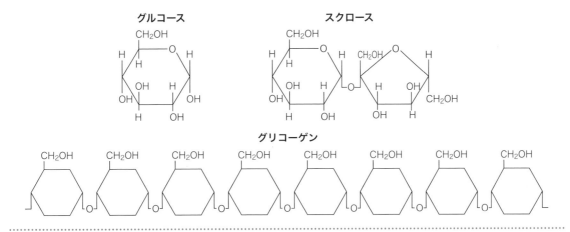

グルコース　　　スクロース

グリコーゲン

図 1-3　炭水化物の種類
炭水化物は六角形の数によって，単糖，二糖，多糖と分類される。

コーゲンであり，筋肉に約 400 g および肝臓に 100
g 貯蔵されています。体内で次に量が多い炭水化物
（糖質）は単糖であるグルコースで血中に存在します。
血中グルコースは血糖（けっとう）あるいは血中ブドウ糖などと
呼ばれることがあります（図 1-4）。グリコーゲンと
グルコースの関係は，貯蔵と運搬・利用といった関
係にあり，グリコーゲンとして肝臓や筋肉に貯蔵さ
れている炭水化物は，必要に応じてグルコースに分
解されて血中に流れて全身に運搬されたり，筋肉な
どで利用されたりします。

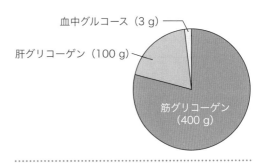

血中グルコース（3 g）
肝グリコーゲン（100 g）
筋グリコーゲン
（400 g）

図 1-4　生体内の主な炭水化物
人のからだには，体重 80 kg の人で約 500 g
の炭水化物がある。さらにそのうちの大部分が
グリコーゲンとグルコースである。

III. 炭水化物（糖質）の主な役割はエネルギー源である

　炭水化物（糖質）の最も重要な機能はエネルギー源です。ヒトがスポーツなど
をして筋肉を動かすとき，筋内のグリコーゲンや血中のグルコースがエネルギー
源として利用されます。特に脳などの中枢神経系は炭水化物（糖質）が唯一のエ
ネルギー源になります。

　炭水化物（糖質）は食事あるいは飲料などから摂取し，筋肉や肝臓にグリコー
ゲンとして貯蔵することが可能です。とりわけ試合や練習の 3 日ほど前から炭
水化物（糖質）摂取量を増やして体内の炭水化物（糖質）蓄積量を増やすことを
カーボローディングと呼び，試合前のコンディショニングの 1 つとされていま
す。図 1-5 に 3 日前から炭水化物（糖質）を十分にとった群ととらなかった群

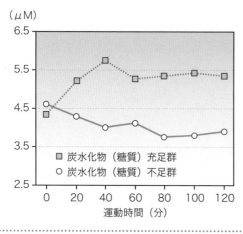
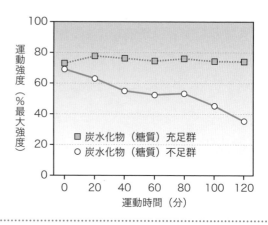

図1-5　炭水化物（糖質）摂取と血中グルコース濃度
炭水化物（糖質）を十分にとった群は運動中も血中グルコース濃度を高く維持することでエネルギー供給を維持し，運動強度を保てるが，炭水化物（糖質）が不足している群は血中グルコース濃度が低下し運動強度も落ちてしまう。

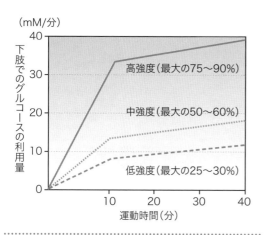

図1-6　運動強度と炭水化物（糖質）利用
運動強度が高ければ高いほど炭水化物（糖質）の利用量が多くなる。

での軽運動中の血中グルコースおよび運動強度の変化を示します。炭水化物（糖質）を十分にとった群は，運動中に高い血中グルコース濃度を維持することでエネルギー供給を維持するとともに，運動強度を保つことができます。一方，炭水化物（糖質）が不足している群は，血中グルコース濃度が低下し運動強度も落ちてしまうことがわかります（**Column 1** 参照）。

炭水化物（糖質）の利用は，運動強度によっても違うことがわかっています。**図1-6** に運動強度別の炭水化物（糖質）の利用を示します。運動強度が高ければ高いほど炭水化物（糖質）の利用量が多くなることがわかります。したがって，たとえば筋力トレーニングなどの高強度の運動をする場合，炭水化物（糖質）を運動のためのエネルギー源として十分に摂取しておくことが必要であることがわかります。

IV．脂質の主な役割は低強度運動におけるエネルギー源である

体内の主な脂質を**図1-7**に示します。体内の主な脂質はトリグリセリド（中性脂肪）とトリグリセリドが分解してできる脂肪酸になります。体内の主な脂質とその量を**図1-8**に示します。体内の脂質の大部分は脂肪組織であり，い

わゆる皮下脂肪や内臓脂肪がそれにあたります。脂肪組織は脂肪細胞の塊であり，脂肪細胞はトリグリセリドなどをたくさん含んだ風船のような細胞です。

　スポーツにおける脂質の主な役割は，炭水化物（糖質）と同様に生命活動のエネルギー源です。しかし炭水化物（糖質）と異なり主に低強度運動でのエネルギー源になります。図 1-9 に運動強度と利用エネルギー源との関連性を示します。高い運動強度においては炭水化物（糖質）が主なエネルギー源になっていますが，低い運動強度においては脂質が主なエネルギー源になっていることがわかります。また運動時間が長時間になると脂質のエネルギーとしての利用が増えることもわかっています。

V. タンパク質はアミノ酸からできている

　タンパク質はアミノ酸がつながってできています。そしてタンパク質の種類はアミノ酸の並び方によって決まります。図 1-10 にアミノ酸とタンパク質の関係を示します。タンパク質はアミノ酸が数珠のようにつながってできています。タンパク質が部分的に壊れて小さくなったものをペプチドと呼ぶことがあります。

　アミノ酸は 20 種類あり，9 種類の必須アミノ酸と 11 種類の非必須アミノ酸があります。必須アミノ酸はヒトの体内では合成できないため，食物から摂取しなければなりません。アミノ酸はタンパク質をつくるための原料になりますが，アミノ酸それ自体も機

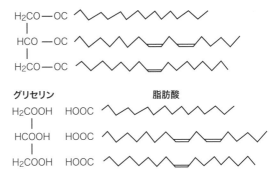

図 1-7　体内の主な脂質
トリグリセリドは中性脂肪と呼ばれることがある。

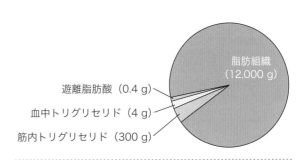

図 1-8　生体内の主な脂質とその分布
体重 80 kg の人に占める脂質は約 12 kg にもなる。

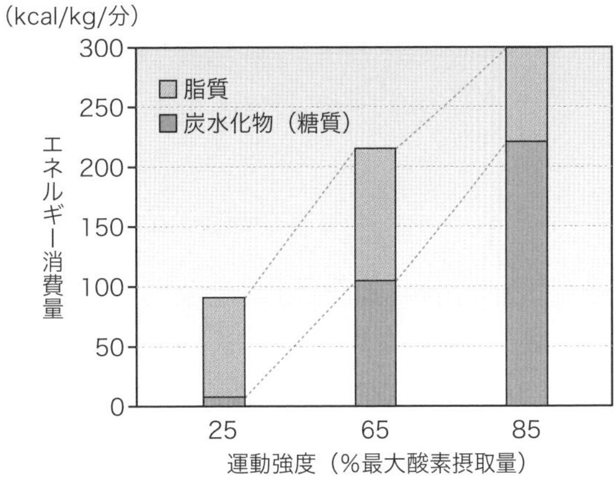

（kcal/kg/分）

図 1-9　運動強度と利用されるエネルギー源
強度の低い運動でのエネルギー源は主に脂質であるが，強度が高くなってくると炭水化物（糖質）によるエネルギー供給が高くなることがわかる。特に脂質は運動強度が高くなっても消費量が増えていないことに注意。

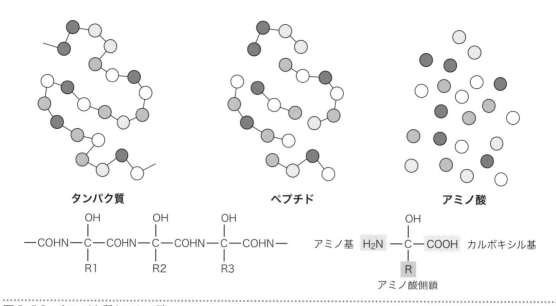

図1-10　タンパク質とアミノ酸
タンパク質はアミノ酸が数珠のようにつながってできており，アミノ酸の並び方によってタンパク質の種類が決まる。タンパク質が部分的に壊れて小さくなったものをペプチドと呼ぶことがある。

能をもつことが知られています。特に最近分岐鎖アミノ酸（branched chain amino acid：BCAA）はタンパク質をつくる働きを高めることがわかってきました。

VI. タンパク質は筋肉や骨を形づくる

　タンパク質の役割はさまざまですが，特にスポーツ生理学において重要なのは筋肉，骨，軟骨，靱帯，腱といった運動にかかわる組織の骨格構造をつくることです。筋肉を大きくしたいボディビルの選手などは粉末のプロテイン（タンパク質）を積極的に摂取しますが，これには大量にタンパク質を摂取することで筋肉の材料を確保するという目的があります。

　筋肉を太くしたいときはタンパク質を栄養素として摂取するのみではなく，筋肉でタンパク質をつくる働きもあわせて高めることが重要です。運動それ自体がタンパク質をつくる働きを高めることもよく知られています。運動前後で筋内でタンパク質をつくる働きを検討した結果を**図1-11**に示します。特に運動後に筋内でタンパク質をつくる働きが高まっていることがわかります。運動後のタンパク質合成を高める働きは運動直後が最も高く，その後数時間程度持続することもわかってきました。運動直後に筋内でタンパク質合成の働きが高まっているときにタンパク質を摂取することで，より効率的に筋肉がつくられることもおおむ

ねわかっています。

　炭水化物（糖質）が体内に不足していると運動に必要なエネルギーが不足してしまうことを説明しました。そのような状態で運動を続けると，運動に必要なエネルギーをタンパク質から得ようとします。すなわち，筋肉をはじめとする体内のタンパク質を分解してエネルギーをつくります。スポーツは筋肉による力発揮が重要であるにもかかわらず，スポーツ中に筋肉をエネルギーをつくるために分解してしまうのは，スポーツを行うにあたって不都合です。したがって，スポーツを行うときは炭水化物（糖質）を十分に摂取してスポーツに必要なエネルギーを得ておくことが重要です。

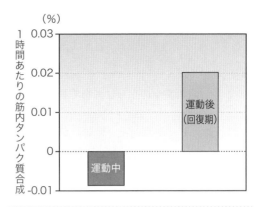

図 1-11　運動中および運動後の筋内タンパク質合成
0％が安静時のタンパク質合成を表わす。筋内タンパク質の合成は運動中に低下し，運動後に増加する。

Column 1

和菓子は日本人アスリートのリカバリー食？

　著者のまわりの筋トレ愛好家のなかには，運動後の補食として，洋菓子に比べて脂肪分が少ない和菓子を好んで食べる人が少なからずいるようです。私たちが普段口にする食品のうちの甘味成分の大部分が砂糖であり，和菓子の甘味成分は主に砂糖によるものです。

　砂糖の主成分はスクロース（図 1-3）です。スクロースはグルコースとマルトースがつながってできている二糖です。素直に考えれば血糖そのものであるグルコースを摂取したほうが，すみやかに吸収されて血糖値を高めたりグリコーゲンになったりすると想像されます。しかし，運動中あるいは運動後においてスクロースを摂取することとグルコースを摂取することは，失われた血糖やグリコーゲンを回復するという点においてはほとんど差がないことが多くの研究で報告されています。

　筋トレ愛好家のみならずアスリートにおいて，和菓子はその味もさることながら，競技によって失われたグリコーゲンを回復するためにも大変有効なリカバリー食といえるかもしれません。

Walls GA, et al.: Is there a specific role for sucrose in sports and exercise performance? Int J Sport Nutr Metab, 23: 571-583, 2013.

確認問題

＊解答は p.188

次の文章のかっこにあてまはる言葉を答えてください。

1. 炭水化物（糖質）の最も重要な機能は（　①　）です。ヒトがスポーツなどをして筋肉を動かすとき，筋内の（　②　）や血中の（　③　）がエネルギー源となります。炭水化物は筋肉や肝臓に（　②　）として貯蔵することが可能です。とりわけ試合や練習の 3 日ほど前から炭水化物摂取量を増やして体内の炭水化物蓄積量を増やすことを（　④　）と呼び，試合前のコンディショニングの 1 つとされます。

2. 体内の主な脂質は（　①　）と，（　①　）が分解してできる（　②　）です。体内の脂質の大部分は脂肪組織です。脂肪組織は（　③　）の塊であり，（　③　）は脂質をたくさん含んだ風船のような細胞です。スポーツにおける脂質の役割は炭水化物（糖質）と同様に生命活動の（　④　）です。特に（　⑤　）運動強度においては炭水化物が主なエネルギー源になっていますが，（　⑥　）運動強度においては脂質が主なエネルギー源になっています。

3. タンパク質は（　①　）がつながってできています。そしてタンパク質の種類は，（　①　）の並び方によって決まります。タンパク質が部分的に壊れて小さくなったものを（　②　）と呼ぶことがあります。タンパク質および（　①　）の重要な働きは，組織の（　③　）をつくることです。炭水化物（糖質）が体内に不足していると，運動に必要なエネルギーが（　④　）するために，運動に必要なエネルギーをタンパク質から得ようとします。すなわち，筋肉をはじめとする体内のタンパク質を（　⑤　）してエネルギーを得ようとするため，スポーツを行うにあたっては不都合です。

第2章

スポーツ生理学の化学的基礎 2 ー ATP 合成ー

　スポーツをする場合でも，日常生活を営む場合でも，人は必ず食事をします。食事をする目的は，からだをつくる原材料を得ることと，活動に必要なエネルギーを得ることです。

　第1章では，スポーツ活動のエネルギー源として炭水化物（糖質）と脂質が重要であることを説明しました。

　この章では炭水化物（糖質）や脂質からエネルギーがつくられる仕組みと，スポーツとのかかわりを説明します。

I. ATP はあらゆる生命活動のエネルギー源である

　アデノシン三リン酸（adenosine triphosphate：ATP）はあらゆる生命活動のエネルギー源です。ATP は図 2-1 に示すように，アデノシンに無機リン酸(Pi)が3つつながったような化学構造をしています。2つめの Pi と3つめの Pi をつなぐ結合は高エネルギー結合と呼ばれ，高いエネルギーをもっていて，かつ切れやすい結合です。この結合が切れるとき，すなわち Pi が ATP からはずれるときにエネルギーを発生します。このエネルギーを使って筋収縮をはじめとしたさまざまな生体活動が行われます。3つめの Pi が切れた後はアデノシン二リン酸（adenosine diphosphate：ADP）になります。

　Pi が切れてしまった ADP は，食物など外からエネルギーを得ることにより Pi と結合して ATP にもどすことができます。このことを ATP の再合成と呼びます（図 2-1）。筋内にもともとある ATP だけではスポーツ活動を行うために必要なエネルギーを十分に得ることができず，スポーツをするためのエネルギーを得るために，ATP を分解してエネルギーを得ると同時に，そのときにできる ADP をATP に再合成し続けなければなりません。

II. ATP を産生する仕組みには3種類ある

　炭水化物（糖質）の一種である砂糖は高熱をかけると燃えてしまいます。このとき砂糖は酸素と結合して燃焼し，二酸化炭素と水を出すとともに，熱や光などのエネルギーを発生します。砂糖は食物として体内に入りエネルギー源として利

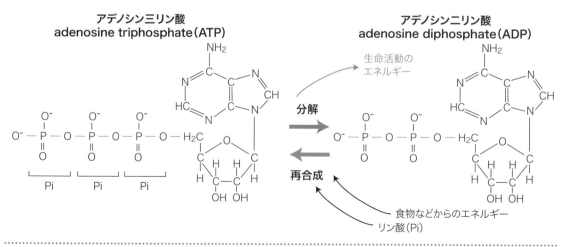

図 2-1　ATP の分解と再合成

用されるとき, 最終的に二酸化炭素と水になります。ただし, 先ほどの高熱を使った燃焼と違って, 光や熱を発生するわけではなく, ADP から ATP をつくるためのエネルギーを発生します。

スポーツ活動中は, 次々に ATP が利用され ADP ができます。炭水化物（糖質）や脂質などのエネルギー源を利用して ADP を ATP にもどす仕組みには①<ruby>解糖系<rt>かいとうけい</rt></ruby>, ②<ruby>有酸素系<rt>ゆうさんそけい</rt></ruby>, ③ ATP-PCr 系の 3 種類があります。特に解糖系と有酸素系は炭水化物（糖質）や脂質を体内で"燃焼"してエネルギーを得て ADP を ATP に変える仕組みです。

III. 解糖系は酸素を要することなく ATP をつくる仕組みである

第 1 章で生体内の主な炭水化物（糖質）は単糖のグルコースであることを説明しました。たとえば, スポーツドリンクなどに含まれるグルコースは, 口から入って小腸で吸収され血流にのって全身に送られます。グルコースの一部は, 筋肉に吸収されて ATP をつくるエネルギー源として利用されます。グルコースの一部は肝臓に送られ, グリコーゲンとして貯蔵されることもあります（**図 2-2**）。特に筋肉に吸収されエネルギーとして利用されるグルコースは, まず解糖系と呼ばれる仕組みでピルビン酸という物質にまで分解されます。

解糖系で起きる反応を**図 2-3** に示します。炭素 6 分子でできていたグルコースは炭素 3 分子でできているピルビン酸にまで段階的に分解（燃焼）されます。このとき ATP がつくられますが, その量はあまり多くありません。また, 解糖系の反応は酸素を必要としません。強度の高い瞬発的な運動をしているとき, 筋肉は短時間でより多くの ATP を必要とするため, 多くのピルビン酸が生成されます。このときピルビン酸は乳酸に変換されることで解糖系の反応が進みます。解糖系では乳酸がつくられるため<ruby>乳酸系<rt>にゅうさんけい</rt></ruby>と呼ばれることもあります。

つくられた乳酸は大きく 2 つの経路で再利用されます。1 つは, 乳酸をつくった筋肉自身で乳酸をピルビン酸にもどして, 再びエネルギー源として利用する経路です。もう 1 つは, 筋肉から血流にのって肝臓に送られ, 肝臓で

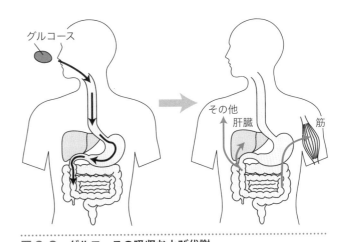

図 2-2　グルコースの吸収および代謝
口から栄養としてとったグルコースは小腸で吸収され, 血流にのって肝臓や筋肉などに運ばれる。

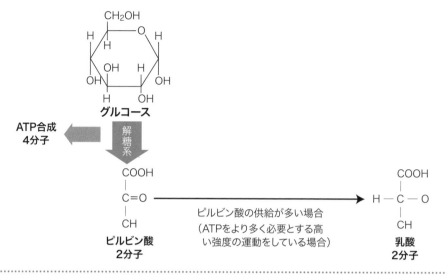

図 2-3　解糖系で起きる反応
グルコースがピルビン酸にまで段階的に分解されるとき，量は少ないが ATP がつくられる。高強度の運動時は，筋肉は短時間でより多くの ATP を必要とするため，多くのピルビン酸が生成される。このときピルビン酸は乳酸に変換されることで解糖系の反応が進む。

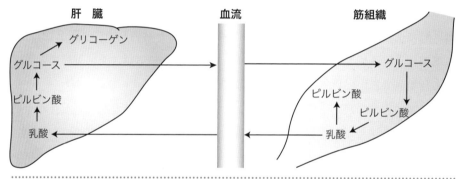

図 2-4　乳酸の処理経路
乳酸は，筋肉でピルビン酸にもどされて再びエネルギー源として利用されたり，筋肉から血流にのって肝臓に送られ，そこでピルビン酸にもどされてエネルギー源として貯蔵されたり利用されたりする。

ピルビン酸にもどしてエネルギー源として貯蔵あるいは利用される経路です（**図2-4**）（**Column 2** 参照）。

IV.　有酸素系は酸素を用いてミトコンドリアで ATP をつくる仕組みである

　血中あるいは筋内にあるグルコースは，解糖系を経てピルビン酸になるとともに ATP を合成することを説明しました。これは細胞膜と核の間にある細胞質と呼ばれる場所で起きる反応です。細胞のなかにはミトコンドリアと呼ばれる

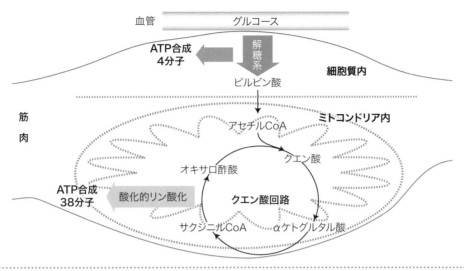

図 2-5　有酸素系 ATP 合成で起きる主な反応
解糖系で分解されたグルコースはピルビン酸になる。このときピルビン酸はミトコンドリア内で酸素を用いてさらに分解を受け，最終的に二酸化炭素と水になると同時に ATP を産生する。

細胞内小器官があります。ピルビン酸はアセチル CoA になってミトコンドリアのなかに入ることで，クエン酸回路と呼ばれる回路に取り込まれ，酸素を用いて分解（燃焼）され，最終的に二酸化炭素と水になります。このとき，同時に多量の ATP が合成されます（**図 2-5**）。このような ATP 合成のことを有酸素系 ATP 合成と呼びます。

　ここでは詳細を述べませんが，クエン酸回路そのもので ATP が生成されるわけではなく，ミトコンドリアにある電子伝達系と呼ばれる仕組みによって ATP が産生されます。この電子伝達系による ATP 合成のことを酸化的リン酸化と呼びます。

V.　ATP-PCr 系はクレアチンを用いて ATP をつくる仕組みである

　筋内に存在するクレアチンリン酸（PCr）は，クレアチン（Cr）とリン酸（Pi）に分解して，そのリン酸を ADP にわたすことが可能であり，このような ATP 合成系を ATP-PCr 系と呼びます（**図 2-6**）。ほかの ATP 合成系と比較して ATP を合成する速度は最も速いものの，筋内のクレアチンリン酸の量に限りが

ATP が不足しているとき
　　クレアチンリン酸（PCr）＋ ADP → クレアチン（Cr）＋ ATP

ATP が十分にあるとき
　　クレアチン（Cr）＋ ATP → クレアチンリン酸（PCr）＋ ADP

図 2-6　クレアチンリン酸による ATP 合成（ATP-PCR 系）

	ATP-PCr 系（ATP-PC 系）	解糖系（乳酸系）	有酸素系（クエン酸回路）
酸素利用	無酸素	無酸素	有酸素
合成場所	細胞質	細胞質	ミトコンドリア
合成量	少ない	やや少ない	非常に多い
合成速度	最も速い	速い	遅い
主なエネルギー基質		炭水化物（糖質）	炭水化物（糖質），脂質

表 2-1　ATP 合成系とその特徴

あるため，ATP 合成はすぐに終了してしまいます。特に短時間高強度運動時に ATP-PCr 系は重要な働きをすると考えられています。またこの ATP 合成経路は，炭水化物（糖質）や脂質などの栄養素を必要としません。

VI. 3 つの ATP 合成系は ATP の合成速度や合成量が異なる

これまでに 3 つの ATP 合成系について解説しました。ADP を ATP に合成する 3 つの合成系の比較を**表 2-1** に示します。

酸素を必要とせず，ATP 合成速度が速い ATP-PCr 系や解糖系は，短時間高強度の運動で主に利用される ATP 合成系です。一方，有酸素系は ATP の合成速度は遅いですが，栄養素と酸素があれば多くの ATP を合成することが可能です。ATP-PCr 系と解糖系が細胞質でその反応が起きるのに対して，有酸素系はミトコンドリアでその反応が起きることも重要な特徴です。

このような特徴を背景に，数十秒以内の短時間高強度運動では ATP-PCr 系が，1〜3 分程度の運動では解糖系が，それ以上の長時間の運動では有酸素系が主な ATP 合成系としての役割を果たすといわれています。ただし，この三者が交代で ATP を合成しているわけではなく，それぞれが合成する割合が変動することになります（**図 2-7**）。

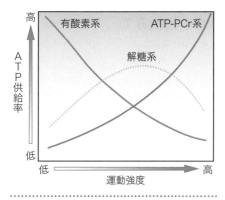

図 2-7　運動強度と各 ATP 合成系の関係
3 つの ATP 合成系は運動強度に応じてその ATP 供給の割合を変化させる。

VII. 三大栄養素はすべて ATP をつくるためのエネルギー源になりうる

これまで炭水化物（糖質）の代表であるグルコースが解糖系を経てピルビン酸になり，アセチル CoA を経てクエン酸回路，酸化的リン酸化によって最終的に ATP と二酸化炭素と水になることを説明してきました。第 1 章の

三大栄養素のところで説明したように，脂質やタンパク質もエネルギー源，すなわち ATP をつくるためのエネルギー源になります。このような物質のことをエネルギー基質と呼びますが，炭水化物（糖質）以外のエネルギー基質についてみていきます。

図 2-8 に三大栄養素の代謝を示します。脂質は特に低強度運動における主要なエネルギー源であることを説明しましたが，アセチル CoA にまで代謝されて有酸素系 ATP 合成系を使って ATP の原料になることがわかります。このことから，脂質が低強度，長時間の運動のエネルギー源になることがわかります。逆に解糖系のエネルギー基質は基本的に炭水化物（糖質）であることがわかり，高強度短時間の運動には炭水化物（糖質）が主なエネルギー基質であることも理解できます。

タンパク質に関しては，解糖系や有酸素系など複数の代謝経路があることがわかります。栄養として摂取したタンパク質はまずアミノ酸に分解されます。その後はアミノ酸の種類によって，解糖系を経るものや有酸素系を経るものといったように代謝のされ方はそれぞれであるということになります。

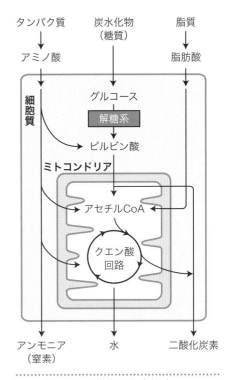

図 2-8　三大栄養素の代謝経路

Column 2

乳酸に申し訳ない・・・

スポーツと疲労は切り離すことができません。この章で学習したとおり，乳酸は特に激しい運動をすると急激に蓄積されることもあって，長い間疲労の原因になる物質だと考えられてきました。しかし，近年のスポーツ生理学では乳酸は疲労物質というとらえ方ではなく，高強度運動を行った結果，体内に蓄積される代謝物であり，むしろエネルギー源として再利用されるという考え方がなされています。

連続して力発揮していくうちに発揮筋力が小さくなったとき，その筋肉は疲労したとみなすのが一般的です。乳酸が筋内に蓄積されることで筋肉が発揮する力が小さくなるという研究報告がなされたのは 1929 年です。しかし 1989 年に，先天的に解糖系および乳酸産生に障害があるマッカードル病の患者さんも一般の方と運動時の筋力低下が同様であったことから，乳酸が疲労物質であるとの主張に対して懐疑的になります。その後 2004 年に乳酸ではなくカリウムイオンや塩素イオンなどのイオンが筋力低下の直接の原因であることが研究報告されるにいたります。

疲労の原因はいまだ研究の途上にあり，乳酸の関与も全面的に否定されたとは言い難いかもしれません。しかし，ここまで研究が進んだ現代においてなお，乳酸が疲労の最大の被疑者のように扱われるのはあまりにも不遇といえるのではないでしょうか。

Allen D, et al.: Lactc acid – the latest performance-enhancing drug. Science, 305: 1112-1113.

確認問題

＊解答は p.188

次の文章のかっこにあてはまる言葉を答えてください。

1. ATP はあらゆる生命活動のエネルギー源です。ATP は（　①　）に分解することでエネルギーを発生します。（　①　）は食物など外からのエネルギーを得ることにより ATP に戻すことができます。これを ATP の（　②　）と呼びます。スポーツをしている間，筋肉では常に（　②　）が起きています。ADP から ATP を（　②　）する仕組みには（　③　），有酸素系〔（　④　）〕があり，特に（　③　）と有酸素系は炭水化物（糖質）や脂質を体内で燃焼してエネルギーを得ます。

2. 炭素 6 分子でできているグルコースは，まず解糖系と呼ばれる仕組みで，炭素 3 分子からなる（　①　）にまで段階的に分解されます。このとき ATP がつくられますが，その量はあまり多くありません。また，解糖系の反応は（　②　）を必要としません。強度の高い運動をしているとき，筋肉は（　③　）時間でより多くの ATP を必要とするため，多くの（　①　）が生成されます。このとき（　①　）は（　④　）に変換されることで解糖系の反応が進みます。筋肉でできた（　④　）は血流にのって（　⑤　）に送られ，そこで（　①　）に戻されます。

3. 細胞のなかにある（　①　）と呼ばれる細胞内小器官において，解糖系でつくられたピルビン酸は（　②　）になって（　③　）回路と呼ばれる回路に取り込まれ，酸素を用いて分解され，最終的に二酸化炭素と（　④　）になります。このとき，多量の（　⑤　）が合成されます。このような（　⑤　）合成のことを有酸素系（　⑤　）合成と呼びます。

4. 筋内に存在する（　①　）はクレアチンとリン酸に分解して，そのリン酸を ADP にわたすことが可能であり，このような ATP 合成系を（　②　）系と呼びます。この ATP 合成経路は炭水化物や脂質などの栄養素を必要としません。

第3章

骨格筋の構造と働き

　競技のために練習をしたり筋力トレーニングをすることで筋肉は変化します。選手やコーチはよく"強い"筋肉，"疲れにくい"筋肉，"しなやかな"筋肉などという言葉を用いて，自分が得たい筋肉を表現します。

　その目的を大きく整理すると，

　①力

　②持久性

　③柔軟性

に分けられます。

　ここでは特に大きい力を出す筋肉，持久性の高い筋肉，柔軟性の高い筋肉とはそれぞれどのような筋肉なのかを整理してみます。

I. 骨格筋は力を発揮して骨を動かす

1. 筋肉は平滑筋，心筋，骨格筋に分けられる

　ヒトのからだのなかには"動く"場所がいろいろとあります。筋肉はそのような動く場所で力を発揮し，動きをつくり出します。

　胃や腸などの内臓，血管，気管などは，太くなったり細くなったりします。その動きの力を発揮する筋肉を平滑筋といいます。心臓は全身に血液を送り出すためにポンプのような動きをしますが，その動きの力を発揮する筋肉を心筋，からだを動かすときに，その動きの力を発揮する筋肉を骨格筋といいます。

```
不随意筋 ┬ 平滑筋
         └ 心筋

随意筋 ── 骨格筋
```

図3-1　随意，不随意と心筋，平滑筋，骨格筋の関係

　筋肉は力を発揮するという共通の特徴がありますが，その力は自分の意志で調節できるものと，調節できないものがあります。たとえば，じっとしているときに心臓の拍動を意識的に早める，あるいはレース中に心臓の拍動を意識的に抑えるということは大変難しいことです。心臓の拍動は心筋がその力を発揮しているので，心筋の力の発揮を意識的に調節することは難しいといえます。同様に，通常，血管や胃，腸などを意識的に動かすことは困難です。このように無意識でその力の発揮が調節されている筋肉を不随意筋といいます。

　一方，からだの動きは，その大部分が自分の考えたとおりに動きます。すなわち，骨格筋は意識的にその力発揮を調節することができるということです。このように自分が考えたとおりに動かすことが可能な筋肉を随意筋といいます（**図3-1**）。

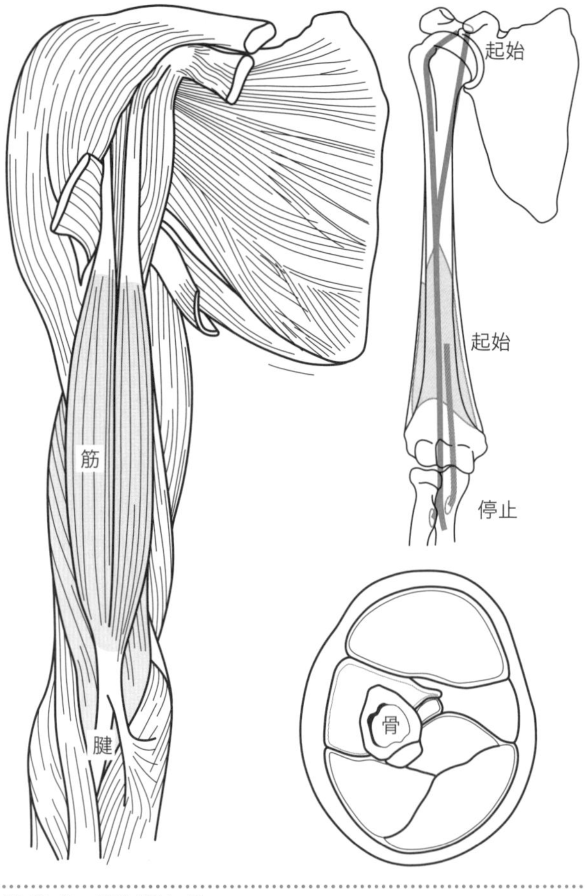

2. 骨格筋は腱を介して骨に力を伝える

　骨格筋は，自らの意志でからだを動かすときに力を発揮するということを述べました。力を入れるときに，日常的には力こぶをつくるというように，筋肉の長さは短く，太く（短縮）なりながら力を発揮します。

図3-2　筋と腱と骨
左：上腕を前からみた筋の図，右上：筋の起始と停止，右下：上腕中央部の断面図

起始／起始／停止／筋／腱／骨

またその力は筋肉が短くなる方向に発揮されるということになるので，筋線維に
沿って筋線維が短くなる方向に力が働きます。

　人体には大小合わせて約 400 の骨格筋があります。骨格筋は線維状の組織（筋
線維）が束ねられたような構造をしています。そして，ほとんどの骨格筋は，
必ず何らかの骨につながっています。骨格筋が骨につながる部分を解剖学では
起始，停止と呼びます。骨格筋は短縮しながら力を発揮するため，骨格筋が力を
発揮すると，骨格筋がつながっている骨どうしが近づけられることになります（図
3-2）。骨と骨がつながる部分は関節と呼ばれますが，図 3-2 のように，関節を
またいで筋肉の起始と停止がある場合，その筋肉（上腕二頭筋）が収縮すると関
節（肘関節）が曲がります。すなわち，関節の動きは骨格筋の力発揮によって決
まるということになります。

3. 骨格筋の力の方向と腱の走行は必ずしも一致していない

　骨格筋と骨をつなぐ組織を腱と呼びます。腱自体が力を発揮するということは
ありません。腱の主な役割が，骨格筋の力を骨に伝えることです。後でもう少し
細かく説明しますが，腱も骨格筋と同様に細い線維（コラーゲン線維）が束ねら
れたような構造をしています。

　腱のコラーゲン線維と骨格筋の筋線維の向きは必ずしも一致していません。図
3-3 に示すように，骨格筋のなかには線維の方向性が腱の方向性に対して一定
の角度をもっているものがあります。この角度を羽状角と呼び，羽状角をもつ
筋肉を羽状筋と呼びます。一方，腱と骨格筋の線維の方向性が一致する筋肉を
紡錘状筋と呼びます。骨格筋が発揮する力
の方向，腱の方向，骨との連結などによっ
て骨や関節の動きが決定され，最終的には
からだの動きが生まれるということになり
ます。

II. 筋原線維が骨格筋の力を生み出す

1. 骨格筋は筋線維の束である

　骨格筋は，ある一定の方向性をもった線
維が束ねられたような構造をしています。
この線維のことを筋線維と呼びます。筋線

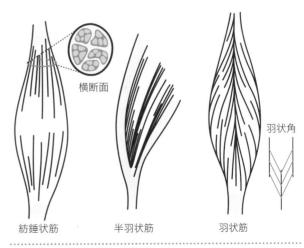

横断面

紡錘状筋　　半羽状筋　　羽状筋

羽状角

図 3-3　骨格筋と腱，羽状角
骨格筋の筋線維の方向は，筋の力発揮の方向と一致する。
ただし筋につながる腱の方向とは必ずしも一致しない。

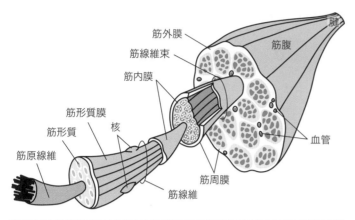

筋外膜
筋線維束
筋内膜
筋形質膜
筋形質
核
筋原線維
筋周膜
筋線維
腱
筋腹
血管

図 3-4　骨格筋と筋線維の関係

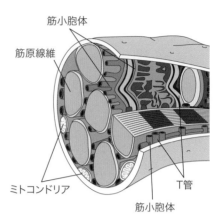

筋小胞体
筋原線維
ミトコンドリア
筋小胞体
T管

図 3-5　筋線維（筋細胞）内の小器官
筋線維内は筋原線維で充填されており，その間を取り囲むように筋小胞体，ミトコンドリアなどの細胞内小器官が存在している。核は筋細胞の周辺部に存在する。

維の直径は 10 〜 80 μm であり，通常，骨格筋の起始から停止までつながっています（**図 3-4**）。

　骨格筋の筋線維は筋細胞と呼ばれることもあります。その名のとおり“筋（筋肉）”の細胞であり，ほかの細胞と同じように細胞膜で囲まれています。筋細胞の内部には核もあります。ただし通常の細胞は，1 つの細胞に対して 1 つの核が存在する“単核細胞”であるのに対して，筋細胞は 2 つ以上の核がある“多核細胞”です。また，通常の細胞は細胞膜のなかの細胞質の部分に核やミトコンドリアなどの細胞内小器官を含んでいますが，筋細胞（筋線維）はその大部分が筋原線維と呼ばれる線維の束であって，ミトコンドリアや核は筋原線維の間や細胞の隅に追いやられています（**図 3-5**）。

2. 筋原線維は基本単位（サルコメア）の繰り返しでできている

　筋原線維は特殊な顕微鏡でその詳細な構造を観察すると，縞模様の構造をしていることが知られています。この縞模様の構造はサルコメア（筋節）と呼ばれる基本単位の繰り返し構造を反映しています。

　図 3-6 にサルコメアの構造を示します。筋原線維は 2 種類の線維が互い違いになってできていることがわかります。2 種類の線維のうち黒く見える構造（A帯）に相当する部分に存在する線維はミオシン線維（太いフィラメント）と呼ばれます。ミオシン線維を挟むように存在している線維はアクチン線維（細いフィラメント）と呼ばれます。アクチン線維は Z 帯と呼ばれる構造につながっていて，

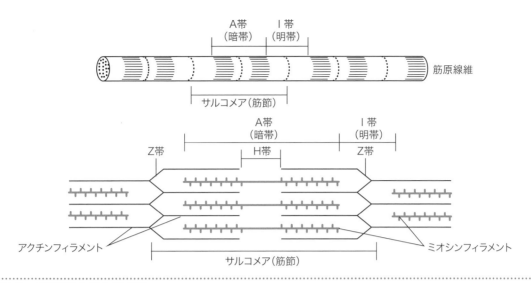

図 3-6 筋原線維とサルコメア
筋原線維の詳細な構造を観察すると，縞模様の構造をしている。この縞模様の構造はサルコメア（筋節）と呼ばれる基本単位の繰り返し構造を反映している。

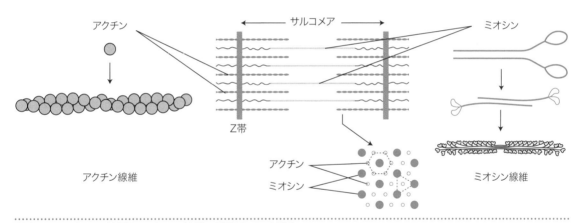

図 3-7 アクチン線維とミオシン線維の詳細とその関係
アクチン線維は球状のタンパク質（アクチン）が集まってつくられている。ミオシン線維は頭部と尾部をもったような構造のタンパク質（ミオシン）が寄り集まってつくられている。ミオシン線維が左右対称のような構造になっていることに注意。

2 つの Z 帯に挟まれた部分がサルコメアに相当します。骨格筋はこのサルコメアの繰り返し構造でできています（図 3-7）。

3. アクチン線維とミオシン線維はタンパク質の集合体である

　筋原線維は主にアクチン線維とミオシン線維の 2 種類の線維が平行に寄り集まってできていることを説明しました。

　アクチン線維，ミオシン線維はそれぞれアクチン，ミオシンと呼ばれるタンパク質の集合体です。アクチンは球状であり，数珠がつながったような構造です。

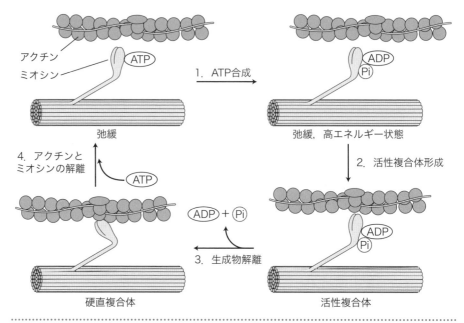

アクチン
ミオシン

1. ATP合成

弛緩

弛緩, 高エネルギー状態

4. アクチンと
ミオシンの解離

2. 活性複合体形成

3. 生成物解離

硬直複合体

活性複合体

図 3-8　ミオシンが ATP のエネルギーを用いて構造変化をする
ミオシンは図に示すように ATP のエネルギーを用いてアクチン線維を引き込むような構造
変化をすることで力を発揮する。

ミオシンは棒状の部分と頭状の部分があり，棒状の部分が並列に寄り集まったよ
うな構造をしています（**図 3-7**）。ミオシン線維もアクチン線維もタンパク質の
集合の仕方に従って方向性があります。

4．筋線維が太くなれば骨格筋が太くなり，より大きな力が生まれる

筋線維は筋原線維の束であることはすでに説明しました。筋原線維はアクチン

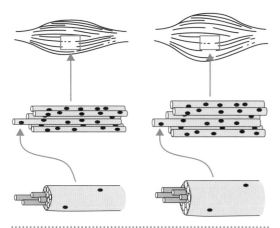

図 3-9　筋線維の数，筋線維の太さ，筋肉の太さ
筋肉が太くなるとき，ほとんどの場合は筋線維の数
が増えるのではなく筋線維の太さが太くなる。

線維とミオシン線維からなり，ミオシン線維が
ATP 分解のエネルギーを使ってアクチン線維を
手繰り寄せることで力を発揮します（**図 3-8**）。
この筋原線維の本数と筋線維の太さ，ひいては
筋肉の太さは関連性があり，筋原線維が肥大す
るかその数が増加すると筋線維が太くなります。
筋肉が太くなると一般的に発揮する力は大きく
なります。
　筋肉が太くなるとき，理論的には筋線維が太
くなる場合と筋線維の数が増える場合の 2 つが
あることは想像できると思います。特に筋力ト
レーニングなどをして筋肉が太くなるとき，ほ

とんどの場合は筋線維の数が増えるのではなく，筋線維が太くなることが知られています（**図 3-9**）。また，筋線維が太くなるとき筋原線維が増えたりその太さが太くなるわけですが，筋原線維はタンパク質でできていることから，筋線維内のタンパク質をつくる量が増えることにより筋肉が太くなるという表現もできます。筋力トレーニングは筋内のタンパク質の合成量を高める効果があることが知られており，その結果筋肉が太くなると考えられます。

5. mTOR は筋力トレーニングによる筋タンパク質合成の増加にかかわるタンパク質である

筋力トレーニングは筋内のタンパク質合成量を高める効果があることを述べました。ここ数年の研究成果として，mTOR（えむとーる）（mechanistic target of rapamycin）というタンパク質が筋力トレーニングによる筋内タンパク質合成増加にかかわっていることがわかってきました。

日常的な会話でもよく登場する DNA は遺伝情報と呼ばれます。この情報の中身は実はタンパク質の設計図です。DNA にあるタンパク質の設計図は RNA に転写されます。タンパク質はこの RNA から翻訳されることでつくられます（第11 章 III. 運動と遺伝子参照）。RNA からタンパク質を翻訳するのはリボソーム

筋力トレーニングでも " 努力は裏切らない " のか？

" 私は何を食べてもすぐに太っちゃうんですよ " みたいな話はよく聞きます。" 太る " とは，ほとんどの場合は体脂肪が増加するということです。体脂肪の増加は，主に食事量の増加すなわち摂取カロリーの増加によるものです。何か食べ物を口にすれば摂取カロリーの増加につながりますので，これを繰り返すと体脂肪が増加するというわけです。

筋力トレーニングの後は，ほぼ間違いなく筋タンパク質合成が増加します。筋肥大が筋タンパク質量の増加によるものであれば，筋力トレーニングをこつこつとやっていれば誰でもボディビルダーのような筋肉が手に入るはずです。では実際はどうでしょうか。実は，同じように筋力トレーニングをしても筋肉の増加には個人差があることがわかっています。筋肉を得やすい人を " イージーゲイナー（easy gainer，easy は " 容易 "，gain は " 得る " の意）"，筋肉を得にくい人を " ハードゲイナー（hard gainer，hard は " 困難 " の意）" と呼びます。この両者の差が何によるものかはまだわかっていませんが，1 つの有力な仮説として，タンパク質の工場であるリボソームの量や質の差ではないかと仮定して研究が進められています。

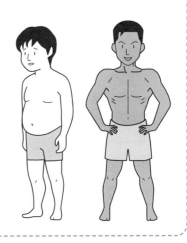

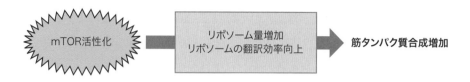

図3-10　mTOR の筋タンパク質合成増加へのかかわり

　と呼ばれる細胞小器官であり，それゆえリボソームは細胞内のタンパク質工場と呼ばれることがあります。骨格筋の中のタンパク質工場であるリボソームがなるべくたくさんあり，かつ効率よくタンパク質をつくれば，筋タンパク質の合成は増加します。

　mTOR はリボソームがタンパク質をつくる（翻訳する）効率を高めたり，リボソーム自体の量を増やしたりすることにかかわるタンパク質です。筋力トレーニングをするたびにこの mTOR の活性が高まること，さらには筋タンパク質合成が増加することがわかってきました。すなわち１回ごとの筋力トレーニングが mTOR 活性を高め，リボソームの量を増やしたり翻訳の効率を高めたりして，結果的に筋タンパク質合成を増加させます（**図3-10**）。この筋タンパク質合成の増加は 48 時間程度持続するとされており，この繰り返しが最終的な筋肥大につながるのではないかと仮定して研究が進められています。

6. 筋衛星細胞（筋サテライト細胞）は筋損傷の修復において重要である

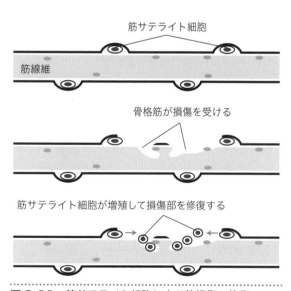

図 3-11　**筋サテライト細胞による筋損傷の修復**
筋サテライト細胞は，特に筋線維に損傷が起きたときに活性化して修復を促す。

　筋線維（筋細胞）は２つ以上の核をもつ多核細胞であることは説明しました。筋線維はもともとは単核の細胞が融合してできた細胞です。一般にある臓器のもとになる細胞を幹細胞といいますが，筋線維の代表的な幹細胞は筋サテライト（衛星）細胞です。

　筋サテライト細胞は筋線維のまわりに存在し，普段は休眠状態であると考えられています。ところがひとたび筋線維に損傷などが発生すると，筋サテライト細胞は活性化し増殖します。増殖したサテライト細胞の一部はさらに筋芽細胞になり，互いに融合したり，いまある筋線維に融合したりして筋線維を形成します。種々のトレーニングによって筋サテ

ライト細胞は活性化し，数が増えることが知られています。筋サテライト細胞は
特に筋損傷の修復に重要な役割を果たすと考えられています（図3-11）。

7. 骨格筋は長さによって発揮する力に差が生じる

　骨格筋はその長さによって発揮する力に差が生じることが知られています。た
とえば，柔道などで相手の襟元をつかんで相手を引き寄せるとき，肘が伸びきっ
ていると力が出ません。むしろ肘が少し曲がっているほうがより大きな力が出
ることは感覚的にわかると思います。肘を曲げるときに力を発揮する筋肉は，
上腕二頭筋（じょうわんにとうきん）と呼ばれる骨格筋です。肘が曲がれば曲がるほど上腕二頭筋は短くな
ることもわかると思います。

　実際には，骨格筋の長さと発揮される力の関係は，**図3-12**に示すような上
に凸の関係になっています。このような関係を骨格筋の長さ–張力関係と呼びま
す。骨格筋の長さ–張力関係は，サルコメアの長さとアクチン，ミオシンの重な
りで説明されています。ミオシンがアクチンを手繰り寄せることで力を発揮する
ということを述べましたが，そのことは，いいかえればミオシンがアクチンと接
することができなければ力が発揮できないということを意味しています。

　骨格筋の長さとアクチン線維，ミオシン線維の関係を考えてみます。骨格筋
の長さが長いとき，アクチンとミオシンの重なりが少なくなります（**図3-12**）。
したがって発揮される力が小さくなります。骨格筋の長さが中間のときアクチン
とミオシンの重なりが最大になり，発揮される力も最大になります。骨格筋の長
さが短いときは，逆に重なる部分が減って力は小さくなるというように考えられ

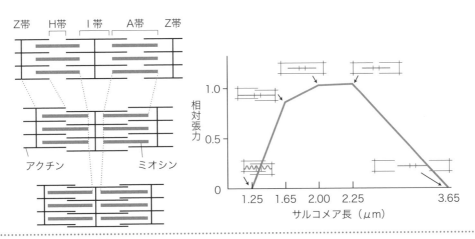

図3-12　長さ–張力関係
骨格筋の長さと発揮される力の関係は，右図のように上に凸の関係になっている。骨格筋の長さが長いと
きはアクチンとミオシンの重なりが少なくなり，発揮される力が小さくなる。骨格筋の長さが中間のとき
アクチンとミオシンの重なりが最大になり，発揮される力も最大になる。

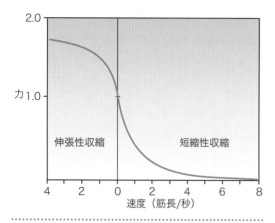

図3-13 速度–力関係
短縮性収縮では，筋が収縮する速さが速いほど（横軸の値が大きいほど）力は小さくなる。速度が0のときは等尺性収縮になる。伸張性収縮では筋収縮速度は負になり，その値が大きいほど（より速く筋が引き伸ばされるほど）力は大になる。

筋力が外力よりも強いとき，筋長は短縮する
（短縮性収縮）

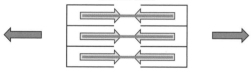

筋力と外力が一致するとき，筋長は一定になる
（等尺性収縮）

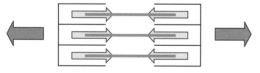

外力が筋力よりも大きいとき，筋長は伸張する
（伸張性収縮）

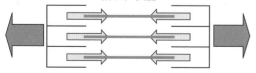

図3-14 短縮性収縮，等尺性収縮，伸張性収縮
薄い水色の内向きの矢印はサルコメア内で発揮される力を表わし，青い外向きの矢印は筋肉全体が発揮する力の大きさを表わす。短縮性収縮＜等尺性収縮＜伸張性収縮の順で筋肉全体で発揮する青い矢印で示した力が大きくなることに注意する。

ています。

8. 骨格筋は収縮する速度によって発揮する力に差が生じる

　骨格筋は収縮する速度によっても発揮する力に差が生じることが知られています。たとえば，砲丸のような重いものを投げるときと，野球のボールのように比較的軽いものを投げるとき，どちらも最大の力を発揮して投げようとしていても，投げる腕の動作の速さはまったく異なることがわかると思います。すなわち，重いものを投げるときのほうが腕の動作は遅く，軽いものを投げるときのほうがその動作は速いことがわかります。動作の速度は筋収縮の速度と関係しており，筋収縮の速度が速いほどその動作が速くなることがわかると思います。

　筋収縮の速さと発揮する力の関係は**図3-13**のようになることが知られています。この関係を骨格筋の収縮速度–力関係と呼びます。**図3-13**のとおり，収縮速度が速いほど力は小さくなります。肘関節を曲げる動作でたとえると，上腕二頭筋をすばやく収縮させるとき，肘関節はすばやく曲げられることになりますが，発揮される力は小さくなります。上腕二頭筋をゆっくりと収縮させると，肘はゆっくりと曲げられ，かつ力は大きくなります。腕相撲などで力が釣り合っているとき，上腕二頭筋の収縮速度は0（ゼロ）ということになります。

　たとえば，柔道やレスリングなどで相手を引き寄せようとして腕に力を入れているにもかかわらず，腕が引き延ばされてしまうということを経験することがあると思います。このように，骨格筋に力が入っているにもかかわらず骨格筋の長さが長くなるとき，収縮速度は負（マイナス）になると表現します。感覚的にもわかると思いますが，

収縮速度が負のときの力は収縮速度が 0 のときあるいは正のときよりも大きくなります（**図 3-13**）。

　以上のように収縮速度が正のとき，すなわち骨格筋の長さが短くなるような筋収縮を短縮性収縮，骨格筋の長さが変わらない状態で筋収縮を行うことを等尺性収縮，骨格筋に力が入っているにもかかわらずその筋肉の長さが長くなるような筋収縮を伸張性収縮と呼びます（**図 3-14**）。前述したとおり，発揮される力は（短縮性収縮）＜（等尺性収縮）＜（伸張性収縮）の順で大きくなります。

III. 持久性の高い骨格筋と持久性の低い骨格筋では ATP のつくり方が異なる

1. 筋線維には持久性の高い線維と低い線維がある

　魚の切り身は，魚の骨格筋をきれいに切りそろえたものです。また，マグロの切り身のように，赤い色をした刺身とヒラメの切り身のように白っぽい刺身があります。マグロの切り身のように赤い色をした骨格筋は，ミオグロビンと呼ばれる酸素を結合するタンパク質が豊富に含まれているために赤い色をしていることがわかっています。一方，ヒラメの骨格筋にはミオグロビンがあまり含まれていません。これらの差は，それぞれの魚の行動と深いかかわりがあります。

　マグロは一定の速度で泳ぎ続けていないと死んでしまうことがわかっています。すなわち，マグロの筋肉には高い持久性が要求されるということになります。このように，高い持久性が要求される筋肉には，より多くの酸素を貯蔵しておく必要があるために，ミオグロビンが多く含まれ，結果的に赤く見えていたということになります。一方，ヒラメは普段は水底にじっとしていますが，餌が目の前を通りかかったときは，すばやいスピードで獲物をとらえます。したがって，ヒラメには瞬発力が必要ですが，持久性は必要ありません。そのため，ミオグロビンの量が少なく，見た目には白っぽく見えるのです。

　魚の骨格筋と同様に，マラソンなどの持久性の高い競技選手と，100 m などの瞬発性の高い競技選手では，筋線維の性質が異なる場合があることが知られています。持久性の高い筋線維のことを遅筋線維，瞬発力が高い（持久性が低い）筋線維のことを速筋線維と呼び，それぞれの性質はさまざまに異なることが知られています。

2. 遅筋線維では主に酸素を利用してミトコンドリアで ATP を産生する

　遅筋線維のように持久性の高い骨格筋には，より多くの酸素が貯蔵されていま

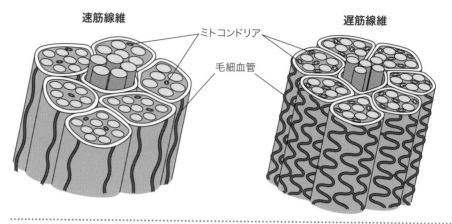

速筋線維　　　　　　　　ミトコンドリア　　　　　　　　遅筋線維

毛細血管

図3-15　速筋線維と遅筋線維の断面図
速筋は比較的太い筋線維で，血管やミトコンドリアが少ない。一方，遅筋は筋線維が比較
的細く，毛細血管やミトコンドリアが多い。

す。遅筋線維は酸素を多く利用するために酸素をより多く貯蔵しています。

　肺で取り込まれた酸素は血管を通って体内の各臓器へ運ばれ，最終的には毛細
血管を通じて酸素を各臓器へ送り込むことになります。したがって，酸素が必要
である持久性の高い筋肉には毛細血管が豊富です。また，遅筋線維には，酸素を
貯蔵するミオグロビンと有酸素系 ATP 合成の現場であるミトコンドリアが豊富
であることが知られています。

　まとめると，遅筋線維では有酸素的にミトコンドリアで ATP を産生するため，
酸素の供給口である毛細血管，酸素を貯蔵するミオグロビン，有酸素系 ATP 合
成の場であるミトコンドリアが豊富です（**図3-15**）。

3. 速筋線維では主に解糖系およびクレアチンを使って ATP を合成する

　速筋線維では，遅筋線維に比べて酸素の貯蔵が少なく，毛細血管やミトコンド
リアも少なくなっています。その代わり，速筋線維では解糖系が発達していま
す。それに加えて速筋線維では，クレアチンリン酸（PCr）を用いた ATP 合成
（ATP–PCr 系）が行われています。クレアチンリン酸は，そのリン酸基を ADP
に渡すことですみやかに ATP を合成することができます。

4. 持久性の高い筋線維と持久性の低い筋線維は，発揮する筋力の性質
　　も異なる

　これまでに骨格筋には遅筋と速筋があるということと，それぞれがもつ持久性
が異なるということを説明しました。遅筋と速筋は筋線維のレベルでほぼ決まっ
ており，遅筋優位な筋群（ヒラメ筋など）には遅筋線維の割合が多く，速筋優位

表3-1 筋線維タイプとその特徴

	遅筋線維	速筋線維		
	タイプⅠ線維	タイプⅡA 線維	タイプⅡX 線維	タイプⅡB 線維
酸化能力	高	中程度	中〜低	低
解糖能力	低	高	高	最も高い
収縮速度	遅	速	速	速
疲労耐性	高	中程度	中〜低	低
ミトコンドリア	多	中	中〜少	少
毛細血管	多	多	多〜少	少

な筋群（大腿四頭筋など）には速筋線維の割合が高いという関係になっています。

　また，その名称のとおり，遅筋線維と速筋線維はその筋収縮のスピードが異なり，遅筋線維は収縮速度が遅く，速筋線維は収縮速度が速いことも知られています。また，持久性は酸素の利用度の高低で判断され，酸素の利用度が高いほど持久性が高いとされています。これら筋線維の収縮速度，および酸素の利用度の特徴から，筋線維を SO（slow oxidative：遅い収縮速度で酸素利用が高い），FOG（fast oxidative glycolytic：速い収縮速度で，有酸素系と解糖系を半々で利用する），FG（fast glycolytic：速い収縮速度で解糖系の利用が高い）と分類する場合があります。

　筋力を発揮する源であるミオシンには，複数の種類があることが知られています。なかでもミオシン内のミオシン重鎖（MHC）には，主に MHC1，MHC2a，MHC2x，MHC2b があることが知られています。遅筋線維と速筋線維はこれらミオシン重鎖の種類と関係があり，遅筋線維には MHC1 が，速筋線維には MHC2a，MHC2x，MHC2b が存在しています。MHC1 が主に存在する筋線維をタイプⅠと呼び，MHC2a，MHC2x，MHC2b が主に存在する筋線維をそれぞれタイプⅡA，タイプⅡX，タイプⅡB と呼びます。遅筋線維はタイプⅠ線維であり，速筋線維にはタイプⅡA，ⅡX，ⅡB 線維が存在します。ただし，ヒトにおいてはⅡB 線維はほとんどありません（表3-1）。

　ATP 合成の仕方および持久性に関して，遅筋線維と速筋線維で異なるということを説明しました。筋収縮の速度や発揮される力も遅筋線維と速筋線維では異なり，筋収縮の速度および力は大まかに ⅡB ＞ ⅡX ＞ ⅡA ＞ Ⅰ の順になります。持久性の高さに関しては大まかに ⅡB ＜ ⅡX ＜ ⅡA ＜ Ⅰ の順になります。ⅡA は遅筋線維と速筋線維の中間的な性質をもった筋線維であるといえます（表3-1）。

　トレーニングによって速筋線維が遅筋線維になる，あるいは遅筋線維が速筋

線維になることはありません。ただし，トレーニングにより速筋線維のなかで
タイプが変化します。一般的にはトレーニングをすると IIB → IIX → IIA と変化
し，持久性とスピードを兼ね備えた筋線維の割合が高くなると考えられています
（**Column 3-2** 参照）。

5. 有酸素性トレーニングをすると筋肉のミトコンドリアや毛細血管が増加する

これまでに述べたとおり，速筋と遅筋の大きな違いはミオシン重鎖，ミトコン
ドリア，毛細血管などに現れます。では，持久的なトレーニングをするとこれら
はどのように変化するのでしょうか。

ミオシン重鎖については，上述したとおり速筋（タイプ II）が遅筋（タイプ I）
になるということはありませんが，速筋のなかでより酸化型に変化します。とこ
ろがこの変化は，高強度の筋力トレーニングでもみられる変化です。ミトコンド
リアと毛細血管は，筋力トレーニングと比較して有酸素性トレーニングによって
著しく増加するとされます。ミトコンドリアについては PGC-1α，毛細血管の
増加については HIF-1α と呼ばれるタンパク質が中心になって，その増加を促進
させます。ミトコンドリアは有酸素的 ATP 合成の場であり，毛細血管は酸素を

Column 3-2

身もだえする学生アスリートたち

筆者らは大学で講義をする機会がありますが，骨格筋の単元では学生アスリートたちがひときわ強い
関心を示します。筋トレによってなぜ筋力が大きくなるのか，筋肥大がなぜ起きるのか，学生さんたち
の真剣さにこちらも熱が入ります。

自分たちのトレーニングが本当に効果があるのかといったことにも当然関心があるでしょう。この教
科書でも示したとおり，持久的トレーニングの結果得られる筋肉と筋力トレーニングの結果得られる筋
肉（図 3-15）はまったく違うと予想されます。練習メニューによっては走り込みと筋トレを同日に行っ
たりすることもあるでしょう。近年，筋トレと持久的トレーニングの両方を同時に行うと，特に筋トレ
の効果が弱まってしまうとの研究報告が多数なされています。

他人事のようで申し訳ないのですが，この話をした後の学生アスリートの皆さんの反応がなかなか興
味深いです。自分たちのトレーニングは何だったのか，意味のあるトレーニングができているのか。日々
辛い思いをしているわけですから，その思いは当然でしょう。辛い練習を決断しそれを強い意志で遂行
する能力も重要ですが，同時に自分の日々行っていることに常に疑念をもつという，まさに身もだえす
るような思いをすることが重要だろうと思っています。

Fyfe JJ, et al.: Interference between concurrent resistance and endurance exercise: molecular bases and the role of individual training variables. Sports Med, 44(6): 743-762, 2014.

供給する役割があるので，酸素の供給を受けて長時間持続する有酸素性運動への適応としては相応しい変化といえます。

　強度の高い筋力トレーニングでは筋タンパク質合成が増加することを述べました。持久的トレーニングにおいても決して筋タンパク質合成が増加しないわけではありませんが，肥大に至るほどの増加ではないと考えられています。合目的的な理由として，毛細血管から供給される酸素が十分にいきわたるために，筋線維径が太くなることはないとも想定されています。いずれにしても，筋力トレーニングでみられるような著しい筋肉の増大は有酸素性トレーニングでは得られません。

Ⅳ. 骨格筋の伸展性は筋線維とそれを包む筋膜や腱と関係している

1. 骨格筋の伸展性は，関節の柔軟性を決める要因の１つである

　からだが硬い，あるいはやわらかいという表現を使うとき，多くの人がイメージするのは前屈運動などでより深く腰が曲がるかどうかということではないでしょうか。通常，前屈をするときは，ゆっくりと腰を曲げます。このようにゆっくりと腰を曲げたり関節を伸ばしたりして，その動く範囲を調べることによって得られた値を，一般的に柔軟性と表現します。このような柔軟性は静的柔軟性といいます。一方，からだを動かすといった動作のなかでの関節の動きを評価する場合があり，このような柔軟性を動的柔軟性と呼びます。静的柔軟性と動的柔軟性は必ずしも一致しないのですが，この章では静的柔軟性を柔軟性と呼ぶことにします。

　柔軟性を測定するとき，ゆっくりと深く関節を曲げたり伸ばしたりして，その動く範囲を調べます。この範囲のことを（静的な）関節可動域と呼びます。一般には，関節可動域が大きいほど関節の柔軟性は高いと表現します。関節は，腱を介して骨格筋がつながっています。それ以外に関節包，靱帯などが付着しています（図3-16）。これらはすべて関節可動域を制限する因子になりますが，そのなかでも骨格筋の伸展性は関節可動域を制限する大きな要因になります。骨格筋を

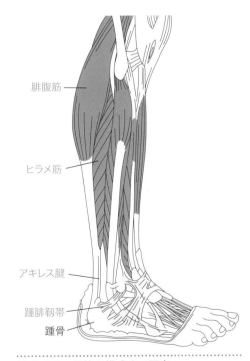

腓腹筋

ヒラメ筋

アキレス腱

踵腓靱帯

踵骨

図3-16　関節を構成する要素
足関節を屈曲するとき，踵骨（かかとの骨）に付着するアキレス腱，アキレス腱につながる腓腹筋，踵骨につながる靱帯や関節包などはすべて関節可動域を制限する因子になる。

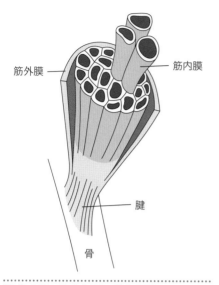

筋外膜 ── 筋内膜

腱

骨

図 3-17　筋肉と腱の結合組織

伸張したときその伸展性が高いほど，関節可動域すなわち柔軟性は高いという関係になります。

　関節の可動域に影響を与える因子として，神経の影響は大きいと考えられます。神経に関してはここでは触れず，第4章で紹介します。

2. 骨格筋と筋膜，腱をまとめて筋腱複合体と呼ぶ

　骨格筋は腱を介して骨とつながっています。腱は骨格筋とつながるとき，骨格筋内の筋線維を包む"鞘"とつながっています。このように，筋線維すなわち筋細胞の外側に存在し，細胞を支えるような組織を細胞外マトリクスあるいは結合組織と呼びます。腱には腱細胞や線維芽細胞といった細胞も存在しますがその量は微量であり，大部分は細胞外マトリクスあるいは結合組織でできています。

　骨格筋および腱の細胞外マトリクスの構造を図 3-17 に示します。筋細胞は筋内膜で包まれており，筋細胞のいくつかのまとまりは筋周膜でおおわれています。筋周膜でまとめられた筋細胞群はさらに大きな筋外膜で囲まれています。これらを総称して筋膜と呼びます。筋膜は骨格筋の両端で腱と結合しています。特殊な方法で筋肉だけを溶かしだすと，溶け残った骨格筋はまるでハチの巣のような構造をしています。このハチの巣の穴の1つひとつに筋線維が1本ずつ入っているということになります（図 3-17）。

　特に関節とつながって，その伸展性や関節可動域を考えるとき，骨格筋は腱でつながっているので筋膜あるいは腱を骨格筋と合わせて考えるほうが適当です。骨格筋と腱をすべて合わせたような組織のことを筋腱複合体と呼びます。以下，筋腱複合体の伸展性と関節可動域の関係を考えていきたいと思います。

3. 筋腱複合体の伸展性を決める要因は大きく2つに分けられる

　筋腱複合体は，筋細胞と細胞外マトリクスに分けられます。筋腱複合体の伸展性を考えるとき，筋細胞の伸展性と細胞外マトリクスの伸展性の2つに分けて考えることができます。以下にそれぞれの伸展性に最も大きな影響を与えるとされている因子について説明します。

4. コネクチンは筋腱複合体の伸展性に影響を与える筋線維内のタンパク質である

筋原線維の最小単位であるサルコメアについてはすでに説明しました。サルコメアを構成するタンパク質として，アクチンとミオシンを紹介しましたが，それに加えてアクチン線維とZ帯をつなぐコネクチン（タイチン）というタンパク質が存在します。コネクチンは巨大なタンパク質であり，さまざまな種類（アイソフォーム）があることが知られています。その種類によってコネクチンの伸展性（長さ）や弾性が異なるために，骨格筋の伸展性が変化すると考えられています（図3-18）。また，コネクチン以外にも細胞骨格タンパク質が筋細胞の形状や力学的特性を決めることも考えられます。細胞骨格タンパク質とはアクチン，微小管，中間径フィラメントと呼ばれるタンパク質群です。

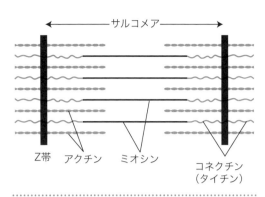

図3-18 サルコメア中のコネクチン
コネクチン（タイチン）は，ミオシン線維とZ帯をつなぐ巨大なタンパク質であり，筋線維内においてばねのような役割をすることが想定されている。

5. コラーゲンは筋腱複合体の伸展性に影響を与える筋線維外のタンパク質である

コラーゲンは皮膚，骨，軟骨，腱，靱帯などの主要な構成タンパク質であり，からだのなかでも最もその量が多いタンパク質であることも知られています。コラーゲンは20種類以上の型があり，腱や筋膜をはじめその含量が最も多いのはI型コラーゲンと呼ばれるコラーゲンです。

I型コラーゲンは並列的に会合することでコラーゲン細線維を形成します。最終的にその細線維が集合することで腱や筋膜を形づくります（図3-19）。腱はほとんどがコラーゲン細線維が長軸方向に並列的に会

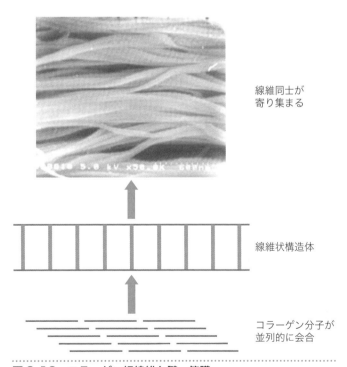

線維同士が寄り集まる

線維状構造体

コラーゲン分子が並列的に会合

図3-19 コラーゲン細線維と腱，筋膜
腱や筋膜の中のコラーゲンは長軸方向に線維が整列したような構造をしている。

合してできた組織のため，筋腱複合体が伸展しても引き伸ばされることはほとんどありません。一方，筋膜は前述したとおり，筋細胞を入れるためのコラーゲン線維のネットワークをつくっているため，そのネットワークが構造変化することにより筋肉の伸展性に強い影響を与えている可能性があります。

　加齢によりコラーゲン線維間に架け橋をするような架橋構造が増えることが知られており，その架橋構造が増えると（コラーゲン細線維のネットワークの構造変化が抑えられるために）結合組織の伸展性は低下することが知られています。

6. トレーニングによるコネクチンおよびコラーゲンの変化は今後の検討課題である

　コネクチンとコラーゲンはそれぞれ筋細胞内および筋細胞外にあり，筋腱複合体の伸展性に大きな影響を与えるタンパク質であることを説明しました。

　コネクチンは筋線維タイプによって，あるいは競技選手（鍛錬者）と非鍛錬者においてその種類に差があるとする研究報告があります。トレーニングによってコネクチンの量が増えるという研究報告もあります。したがって，コネクチンはスポーツ活動により何らかの変化を起こすことが予想されています。一方，腱におけるコラーゲンに関しては，強度や時間によらず多くのトレーニング条件でその合成が高まることがわかっています。腱の構造に関しても，より高い負荷によって腱自体が肥大し，かつその伸展性は低下するとの報告があります。

　いずれのタンパク質もトレーニングなどの運動負荷によってその量や種類が変化する可能性があり，適切なトレーニング条件などの理解が今後重要であると思われます。その際，筋肥大における考え方と同様に，筋細胞がトレーニングによって細胞骨格タンパク質合成を亢進させたり，腱のなかにある細胞（腱細胞）が，タンパク質合成を行って腱の構造を変化させたりしているかどうかを理解することが重要であると思われます。

確認問題

＊解答は p.188

次の文章のかっこにあてまはる言葉を答えてください。

1. 骨格筋の筋線維は（ ① ）と呼ばれることもあります。ほかの細胞と同様，細胞膜で囲まれており，内部には核が存在します。ただし，筋線維の核は 2 つ以上あるため，（ ② ）と呼ばれます。さらに，筋線維はその大部分が（ ③ ）と呼ばれる線維の束です。（ ③ ）は縞模様の構造をしており，（ ④ ）を基本単位とした繰り返し構造から構成されています。（ ③ ）は，太いフィラメントを構成する（ ⑤ ）線維と，細いフィラメントを構成する（ ⑥ ）線維でできています。（ ⑤ ），（ ⑥ ）ともにタンパク質の集合体です。

2. 骨格筋は一般に，その太さが太いほど発揮する力は大きいとされます。ただし，骨格筋の長さと発揮される力の関係は，上に（ ① ）の関係になっています。このような関係を骨格筋の（ ② ）関係と呼びます。この関係ではアクチンとミオシンの（ ③ ）が重要であり，（ ③ ）が小さくなると力が小さくなり，（ ③ ）が大きくなると力が大きくなるとされています。

   骨格筋が発揮する力は，収縮する速度によっても変化することが知られています。このことを骨格筋の（ ④ ）関係といいます。収縮速度が正のとき，すなわち骨格筋の長さが短くなるような筋収縮を（ ⑤ ）収縮，骨格筋の長さが変わらない状態で筋収縮を行うことを（ ⑥ ）収縮，骨格筋に力が入っているにもかかわらずその筋肉の長さが長くなるような筋収縮を（ ⑦ ）収縮と呼びます。

3. 骨格筋には，持久性の高い（ ① ）線維と瞬発力が高い（ ② ）線維が存在します。（ ① ）線維では有酸素的にミトコンドリアで ATP を産生するため，酸素の供給口である（ ③ ），酸素を貯蔵する（ ④ ），有酸素系 ATP 合成の場である（ ⑤ ）が豊富です。一方，速筋線維では（ ⑥ ）や ATP-PCr 系が発達しています。

第4章

神経組織とスポーツ

　どのような種目であっても，トップレベルの選手の身のこなしは，見とれてしまうほど美しく巧みです。

　しかしそれらの選手の筋肉が見た目に違うかというと，決してそんなことはありません。

　筋肉の太さは筋力と関係するということを第3章で述べましたが，動きの巧みさは筋肉の形状では必ずしも決まっていません。すべての筋肉には神経がつながっており，脳や脊髄などからの命令を神経線維が筋肉に伝えることで，細かい動きを調節しています。したがって，脳，脊髄，神経線維といった神経組織が"身のこなし"にとって重要であるといえます。

　この章では，はじめに神経細胞の構造や神経組織について説明し，その後，神経と筋肉とのつながり，運動のなかでの神経組織の役割などを説明していきます。

I. 中枢神経と末梢神経

1. 神経組織は中枢神経と末梢神経に分けられる

図4-1に体内にある主な神経組織の模式図を示します。筋肉にかぎらず全身のほぼすべての組織は神経とつながっているため，神経組織もほぼ全身に分布していることがわかります。

神経組織のなかでも脳と脊髄は中枢神経（ちゅうすうしんけい）と呼ばれます。中枢神経は情報を統合・処理する場所です。脳ではさまざまな外的情報を処理し，からだの動きなど，さまざまな命令を下すといった複雑な情報処理を行います。脊髄では，熱いものを触ると手を引っ込めるといったような反射運動をつかさどります。

末梢神経（まっしょうしんけい）は中枢神経とさまざまな臓器組織を結びつける神経です。中枢神経で出された命令や情報をその命令や情報を伝えたい臓器組織へ伝える役目と，外界などからの刺激を感知しその情報を中枢に伝える役目を果たします。

2. 神経細胞は細胞体と神経線維でできている

神経組織は大まかに神経細胞と支持細胞という2種類の細胞でできています。神経細胞は電気信号を用いて命令や情報を伝える細胞で，支持細胞は神経細胞のまわりに存在し神経細胞を支える細胞です（図4-2）。神経細胞はニューロンと呼ばれることがあります。

神経細胞は細胞体（さいぼうたい）と呼ばれる部分と神経線維（しんけいせんい）と呼ばれる部分の2つに区別することができます（図4-2）。細胞体には核が存在し，神経活動に必要なタンパク質をつくるとともに，多くの樹状突起（じゅじょうとっき）と呼ばれる"手"を伸ばして，ほかのニューロンと結合します。ニューロンとニューロンのつながりのことをシナプスといいます。神経は電気信号を利用して情報をやりとりしますが，神経線維は電気信号を伝えるケーブルのような役目を果たします。神経線維は軸索（じくさく）と呼ばれることがあります。軸索は支持細胞であるシュワン細胞が形づくるミエリン鞘（しょう）によって取り囲まれているもの（有髄（ゆうずい）

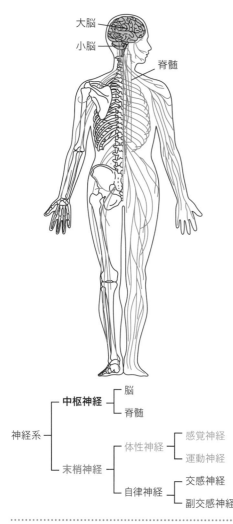

大脳
小脳
脊髄

```
        ┌ 中枢神経 ─┬ 脳
        │           └ 脊髄
神経系 ─┤           ┌ 体性神経 ─┬ 感覚神経
        │           │           └ 運動神経
        └ 末梢神経 ─┤
                    └ 自律神経 ─┬ 交感神経
                                └ 副交感神経
```

図4-1 体内にある主な神経組織と自律神経と体性神経
中枢神経である脳と脊髄は，頭蓋骨と脊椎のなかにある。末梢神経は脳から出ているものと脊髄から出ているものの2種類がある。

線維）とそうでないもの（無髄線維）があります。有髄線維は無髄線維と比較して電気信号をより速く伝えることが可能です。

　神経細胞は細胞体の部分で電気信号を発生し，軸索を通じてその電気信号を伝えます。神経細胞で発生する電気信号のことを活動電位と呼びます。ある神経細胞の細胞体で活動電位が発生すると，軸索を通じて活動電位が伝えられ，シナプスにおいてほかの神経細胞にその信号が伝えられるといったかたちでネットワーク形成および情報伝達・処理を行います（図4-3）。

3. 中枢神経は灰白質と白質に分けられる

　中枢神経は脳と脊髄であることを説明しました。脳と脊髄の断面の模式図を図4-4に示します。

　脳と脊髄の断面は，その色調から白質と灰白質に分けられます。脳では灰白質は表面に位置し，脊髄では中心の部分に位置しています。灰白質には神経細胞のなかでも細胞体が多く存在します。一方，白質には神経線維が数多く存在しています。

4. 末梢神経は自律神経と体性神経に分けられる

　中枢神経で処理された命令は，電気信号として神経線維を伝わってからだのあらゆる臓器や組織にその命令を伝えます。中枢神経の命令を伝える神経を末梢神経と呼びます。末梢神経は自律神経と体性神経に分かれます（図4-1）。

　自律神経は交感神経系と副交感神経系に分かれます。交感神経系と副交感神経系の役割

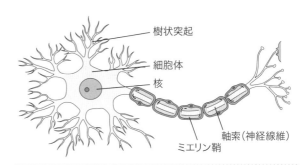

図4-2　神経細胞と支持細胞
神経は主に神経細胞と支持細胞からできている。神経細胞は細胞体と軸索に分けられる。支持細胞はミエリン鞘（シュワン細胞）のように神経細胞を取り巻いている。

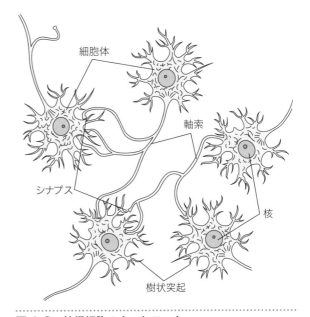

図4-3　神経細胞のネットワーク
神経細胞同士はネットワーク形成している。

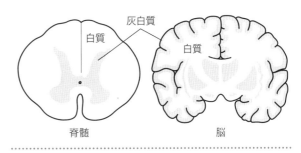

図4-4　白質と灰白質
白質には神経線維（軸索），灰白質には細胞体が多く存在している。

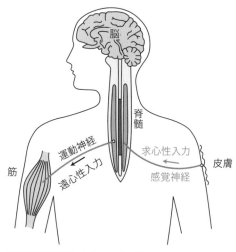

図4-5 脳，脊髄と求心性，遠心性入力
感覚神経から中枢への入力を求心性入力，筋肉を動かすための中枢からの命令を遠心性入力と呼ぶ。

自律神経系
● 交感神経
○ 副交感神経

眼，涙腺
耳下腺
顎下腺，舌下腺
肺
心臓
胃
腎臓
結腸
膀胱
生殖器

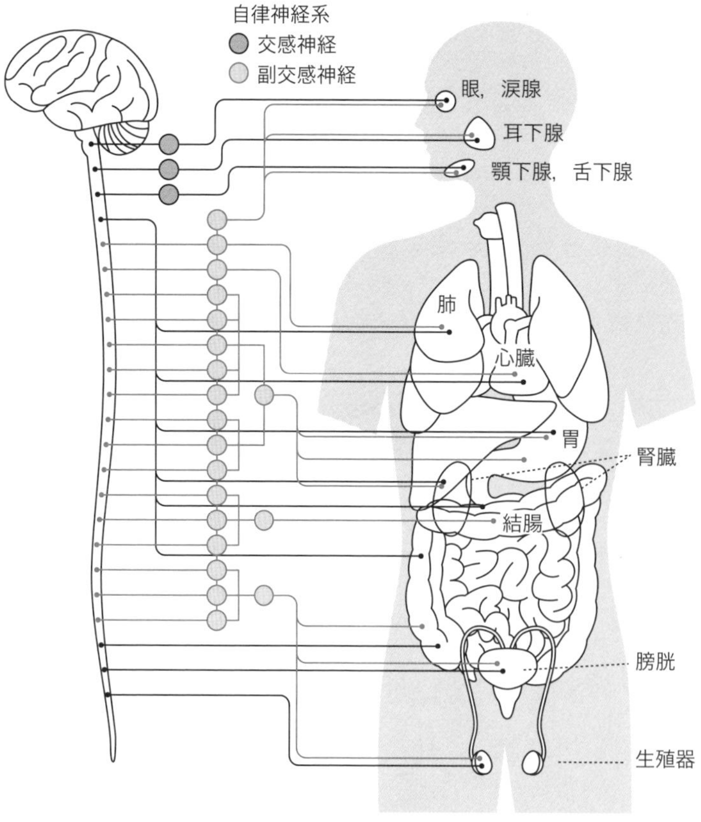

図4-6 自律神経系が支配する臓器・組織とその働き
自律神経系は交感神経系と副交感神経系に分かれ，それぞれが同一の臓器・組織を調節する。

については，後ほど説明しますが，心臓の拍動や内臓の働きを無意識的に調節する神経系です。一方，体性神経は脳や脊髄からの情報を筋肉に伝えるからだの動きの調節を行ったり，外界からの刺激を中枢神経に伝える役割があります。

5. 体性神経は運動神経と感覚神経に分けられる

体性神経は運動神経と感覚神経に分けられ，主に意識的な動きの命令や感覚の情報を伝達します。運動神経は中枢神経の命令を骨格筋に伝えて，骨格筋を動かすための情報を伝える神経です。感覚神経は感覚器で感じた外界の変化を脳に伝える神経です。感覚神経から中枢への入力を求心性入力と呼びます（図4-5）。

体性神経は情報を伝える部位の反対側の脳によってつかさどられています。すなわち，右手でダンベルを持ち上げるとき左脳がその命令を発信し，左手に損傷を受けるとその痛みは右脳に伝えられます。このことを左右交差（交叉）性と呼びます。また筋肉を動かすための命令を遠心性入力と呼びます。

6. 自律神経系による調節は無意識に行われる

自律神経系は交感神経系と副交感神経系に分かれることを説明しました。交感神経系と副交感神経系の分布を図4-6に示します。自律神経系は中枢神経の命令を受けて，無意識的に内臓をはじめとするさまざまな臓器・組織の働きを調節します。たとえば，運動負荷が上昇するのにしたがっ

て心拍数が上昇するのは，交感神経の命令を受けて心臓がその拍動数を上げているということになります。

　自律神経系は不随意であり，その命令は脳のなかでも中脳，間脳，小脳あるいは脊髄から出されます。交感神経系と副交感神経系は**図 4-6** に示すとおり，同一の組織が両方からの調節を受けており，このことを二重支配と呼びます。さらに交感神経系と副交感神経系はその作用が逆であり，交感神経系が主に興奮性の命令を伝え，副交感神経系が主に抑制性の命令を伝えます。このように反対の命令・調節を行うことを相反支配と呼びます。

II. 神経細胞と筋肉

1. 筋線維には運動神経がつながっている

　骨格筋は筋線維の集合であることを第 3 章で説明しました。骨格筋は自分の思うままに動かすことができる随意筋であることも説明しました。骨格筋が随意筋であることは，骨格筋が末梢神経を通じて中枢神経の命令を受けているということを示しています。

　筋線維はその 1 本 1 本が力を出すということも第 3 章で説明しました。力の源である筋線維の 1 本 1 本にはすべて運動神経がつながっています。運動神経は脊髄につながっていて，脊髄や脳において出された命令を受けて活動電位を発生し，神経線維を通じて筋肉に活動電位を伝えるということになります。特に脊

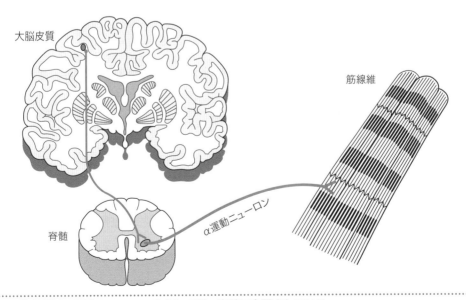

図 4-7　筋線維はα運動ニューロンを介して脳，脊髄に支配されている
脳から出された命令は，脊髄を通って，最終的にはα運動ニューロンを通じてその命令を筋線維に伝える。

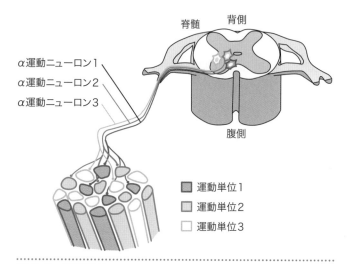

α運動ニューロン1
α運動ニューロン2
α運動ニューロン3

脊髄　背側

腹側

運動単位1
運動単位2
運動単位3

図4-8　運動単位
1本のα運動ニューロンは枝分かれをして複数本の筋線維につながる。1本のα運動ニューロンによって支配される筋線維群を運動単位と呼ぶ。

髄から出て骨格筋につながっている運動線維をα運動ニューロンといいます（図4-7）。

　脊髄から出たα運動ニューロンは，最終的に枝分かれして数本から数十本の筋線維とつながって，その運動を制御しています。α運動ニューロンが筋線維につながってその動きを制御することを"支配する"と表現することがあります。1本のα運動ニューロンが支配する筋線維群のことを運動単位と呼びます。同じ運動単位にある筋線維は同時に力を発揮します。α運動ニューロンが支配する筋線維の数が少ないことを，運動単位が小さいといいます。運動単位が小さいと筋線維数が少ないため力発揮としては小さくなりますが，細かい動きが可能になります。逆に運動単位が大きいと力発揮は大きいですが，動きも大きなものになります。たとえば，眼球を動かすような細かい動きをする筋群は運動単位が小さく，大腿のように大きな力で大きな動きをする筋群は運動単位が大きいといった特徴があります（図4-8）。支配する神経と筋線維の数の比を支配神経比と呼びます。先ほどの例と同様，たとえば大きな収縮力を発揮する大腿部の筋肉では支配神経比は1対150と大きいですが，眼球の筋肉では1対3〜8と小さくなります。

2.　神経線維を伝わる活動電位が筋力や筋肉の収縮を調節している

　α運動ニューロンを通じて活動電位が到達することにより筋線維は収縮しますが，筋線維の収縮の仕方は，伝達される活動電位の様式に依存します。

　まず活動電位の特徴を説明します。α運動ニューロンを伝わる活動電位は，いわゆるスパイクのような形の電気信号になっています（図4-9）。このスパイクのような電気の活動電位の数と大きさが変化すると，骨格筋の収縮様式が変化します。特に1秒間あたりの活動電位の数のことを周波数，活動電位の大きさのことを電位といいます。

　スパイクのような活動電位が1つ到達すると，骨格筋は収縮します。このときの収縮を単収縮と呼びます。活動電位が複数本到達すると，そのたびに骨格筋は単収縮します。このときもし1秒間あたりの活動電位の数が多ければ，すな

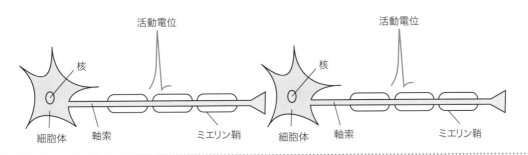

図 4-9　活動電位
活動電位はスパイクのような形をしており，細胞体で発生して軸索を伝わっていく。

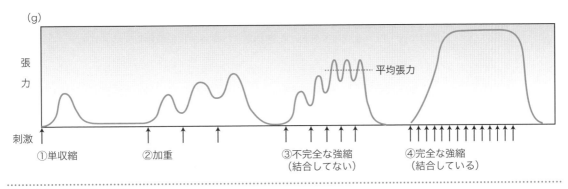

図 4-10　単収縮，強縮
単一の活動電位によって筋肉は単収縮する。活動電位の頻度（周波数）が高くなると発揮される収縮力は単収縮の力が重ね合わされたように大きくなる。周波数が高くなると筋肉が発揮する力は最大になる。このとき筋肉が強縮しているという。

わち周波数が高ければ，骨格筋が発揮する力は1つ1つの単収縮の力を重ね合わせたように大きくなります（**図4-10**）。このことを力の加重といいます。またある周波数以上になると，骨格筋の発揮する力は最大になります。このとき骨格筋は強縮しているといいます。日常生活やスポーツ活動において，骨格筋は強縮することで力を発揮しています。

3. 神経の電気信号を筋肉の収縮に変換する仕組みを興奮収縮連関と呼ぶ

　電気信号が到達することで骨格筋は収縮することを説明しました。では次に，神経から伝わってきた電気信号がどのようにして筋収縮に変化するかを説明します（**図4-11**）。

1）活動電位は神経筋接合部でアセチルコリンの分泌に変換される

　神経細胞と骨格筋のつながりのことを神経筋接合部といいます。神経線維を伝わってきた活動電位は，最終的には神経筋接合部まで到達します。神経筋接合部において，神経と筋肉の間にはシナプス間隙という"すきま"があるため，神経

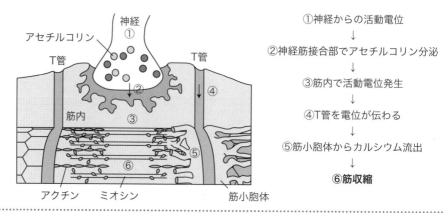

神経
①
アセチルコリン
T管　　　　　　　　　　　T管
②　　　　　　　　④
筋内
③
⑤
⑥
アクチン　　ミオシン　　　　　筋小胞体

①神経からの活動電位
↓
②神経筋接合部でアセチルコリン分泌
↓
③筋内で活動電位発生
↓
④T管を電位が伝わる
↓
⑤筋小胞体からカルシウム流出
↓
⑥筋収縮

図4-11　興奮収縮連関
α運動ニューロンを介して伝わった活動電位は最終的に筋収縮に変換される。

から筋肉へ電気信号が直接伝わることはありません。神経筋接合部に電気信号が到達すると，シナプス間隙に神経伝達物質（しんけいでんたつぶっしつ）と呼ばれる物質（アセチルコリン）が分泌されます。

2）アセチルコリンを結合した骨格筋は活動電位を発生する

シナプス間隙に分泌されたアセチルコリンは，骨格筋側にあるアセチルコリン受容体と結合することで，今度は骨格筋側に活動電位が発生します。骨格筋で発生した活動電位はＴ管と呼ばれる場所を通って筋線維内に伝わっていきます。

3）カルシウムイオン（Ca^{2+}）が骨格筋収縮を調節する

Ｔ管内を通して伝達される活動電位が筋小胞体まで到達すると，筋小胞体からカルシウムイオンが放出されます。放出されたカルシウムイオンはアクチン線維上にあるトロポニンと呼ばれるタンパク質と結合します。トロポニンは，通常はアクチンとミオシンの相互作用を阻害しており，カルシウムを結合するとその阻害を解除します。そうすると筋収縮が発生します。これらの一連の出来事を興奮収縮連関（こうふんしゅうしゅくれんかん）と呼びます。

4．異なる筋線維タイプには異なるタイプの神経が結合している

筋線維には遅筋，速筋などのタイプが存在することを第３章で説明しました。筋線維につながるα運動ニューロンにも異なるタイプが存在することが知られており，F（fast）型とS（slow, fatigue resistant）型に分けられます。F型はさらにFF（fast fatiguable）型，Fint（fast intermediate）型，FR（fast fatigue-resistant）型に分けられます（**図4-12**）。

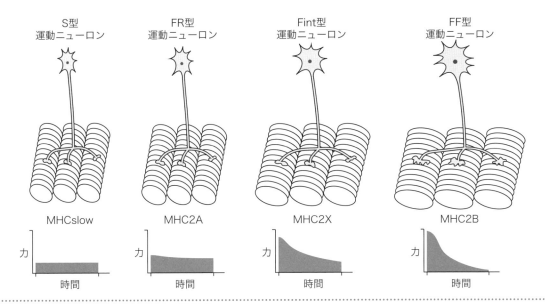

図 4-12　α運動ニューロンのタイプと特性
α運動ニューロンには 4 つのタイプがあり，それぞれがつながる筋線維タイプが決まっている。また発揮される筋力にも特徴があり S 型のα運動ニューロンは力発揮が小さいが持続性がある。F 型の運動ニューロンは力発揮は大きいが疲労しやすい。

　F 型のα運動ニューロンは神経自体が大きく，活動電位の伝達速度が速くて大きいこと，および疲労しやすいことが特徴です。F 型は速筋につながっています。一方，S 型は神経自体が小さく，活動電位の伝達速度が遅くて弱いこと，ただし疲労耐性が高いという特徴があります。S 型のα運動ニューロンは遅筋線維につながっています。

　神経のサイズが小さい S 型は，F 型に比べて活動電位を発生しやすいという特徴があります。その結果，弱い力発揮の場合は，S 型のα運動ニューロンのほうが優先的に活動電位を発生し，結果的に遅筋線維が使われます。大きい力発揮の場合は，S 型と F 型両方のα運動ニューロンが活動電位を発生するために遅筋と速筋の両方が利用されます。このように，発揮される力に応じて利用されるα運動ニューロンおよび筋線維が異なることをサイズの原理といいます（**図 4-13**）。速筋をきたえてより大きな力発揮をする筋肉を得たい場合，より大きな負荷でトレーニングをする必

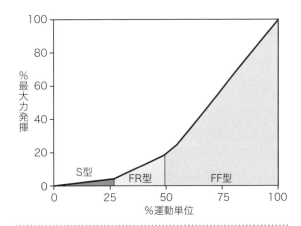

図 4-13　サイズの原理
弱い力発揮のときは S 型のα運動ニューロンが活性化するため S 型のα運動ニューロンが支配する遅筋線維が利用される。力が大きくなると F 型のα運動ニューロンも活性化するので速筋が利用される。

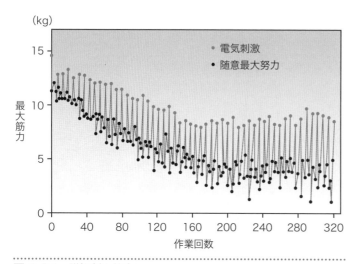

図4-14 脱抑制と筋力
随意的に掌握運動を繰り返しているとその力発揮は次第に低下するが，そのときの主動作筋肉を電気刺激すると運動開始時と同程度の力発揮が観察される。

要があることは，このサイズの原理からも明らかです。

5. 筋力トレーニングや脱抑制による神経系の変化が発揮筋力を増大させる

より大きな筋力を発揮するためには，より多くの運動単位が同時に活性化することが重要です。筋力トレーニングにより筋力発揮に参加する運動単位が増えたり，活動電位の放電頻度が増えたりすることが知られています。

神経細胞自体の活性も変化することが知られています。神経細胞は通常時にはその活性には抑制がかかっています。たとえば，かけ声などをかけることでその抑制は取り除かれ，結果的により大きな力を出すことができることが知られています（図4-14）。このことを脱抑制といいます。

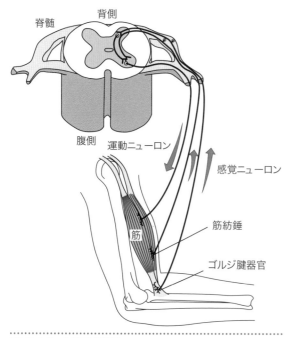

図4-15 固有受容器

III. 中枢神経と運動

1. 骨格筋，腱，靱帯には力を感じるセンサーがある

たとえば，整列のときに"前へ倣え"をするときは，腕をまっすぐにもち上げ，肘も曲げません。腕をもち上げるときには筋力を発揮しますが，目的の高さまで腕が届いたら腕を振り上げるための筋力発揮をやめて，その高さを維持する必要があります。すなわち，筋肉や関節は力発揮をするのみではなく，関節の角度や筋肉にかかる力などを感知するためのセンサーが必要です。

骨格筋，腱，靱帯には実際に力や長さを感じるセンサーがあります。このセンサーのこ

とを固有受容器と呼びます（図4-15）。固有受容器にはさまざまなものがありますが，骨格筋のなかには骨格筋の長さを検出するセンサーがあり，これを筋紡錘といいます。筋紡錘は骨格筋のなかにあって張力を感じることで，筋肉の長さが伸びたり，たるんだりしないように調節しています。腱のなかにも腱にかかる力を感じるセンサーがあり，これをゴルジ腱器官と呼びます。

2. 伸張反射は運動中の重要な反射である

　熱いものに触ったときに即座に手を引っ込めるような運動を反射といいます。反射は，図4-16に示すように，感覚器で得た外界の情報を感覚ニューロンを通じて脊髄へ伝え，その情報処理を脊髄で行い，形成された命令を運動神経を介して骨格筋へ伝達するといった情報処理の手続きを経ます。このような反射を逃避反射（屈曲反射）と呼びます（図4-16）。反射は脳を介さずに脊髄のみで情報処理と命令を行うため，反応時間が速いという特徴があります。

　スポーツの現場において重要な反射の1つは伸張反射です。よく病院などで行われている膝の下をたたくと膝が伸びる膝蓋腱反射は，伸張反射の1つです。膝蓋腱反射では，膝のお皿の下の腱（膝蓋腱）をたたくことで，大腿直筋を急激に伸張させます。そのとき，即時に引き伸ばされた大腿直筋がすみやかに収縮するという反射です。

　伸張反射も上記の逃避反射と同様に，脊髄の支配のみを受けています。すなわち，感覚器である筋紡錘が筋肉が引き伸ばされたことを感知します。するとその情報を活動電位として求心性の感覚ニューロン（Ia群線維）で脊髄に伝えます。脊髄ではその情報を処理し，引き伸ばされた筋肉には収縮する命令を出し，同時に引き伸ばされた筋肉の拮抗筋には弛緩する命令を出します。結果的に引き伸ばされた筋肉は収縮します（図4-17）。

　伸張反射はスポーツの現場のさまざまなところで利用されています。特に伸張短縮サイクル（stretch

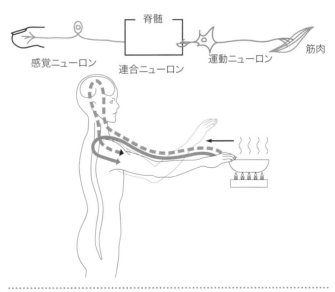

図4-16 逃避反射と反射
熱いものに触ったときに即座に手を引っ込めるような運動を反射という。反射は，感覚器で得た情報を感覚ニューロンを通じて脊髄へ伝え，その情報処理を脊髄で行い，形成された命令を運動神経を介して骨格筋へ伝達する。反射は脳を介さずに情報処理と命令を行うため，反応時間が速い。

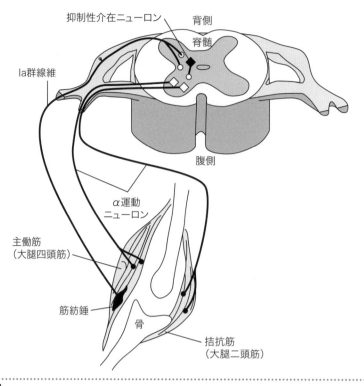

図 4-17　伸張反射
伸張反射も脊髄の支配のみを受けている。筋紡錘が筋肉が引き伸ばされたことを感知すると，その情報を活動電位として求心性の感覚ニューロン（IA 群線維）で脊髄に伝える。脊髄ではその情報を処理し，引き伸ばされた筋肉に収縮する命令を出し，同時に拮抗筋には弛緩する命令を出す。

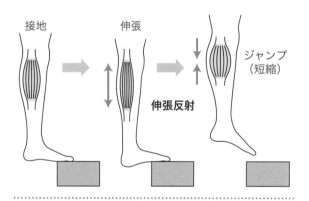

図 4-18　伸張短縮サイクルを利用したプライオメトリックトレーニング
ジャンプ動作の練習などに用いられる。

shortening cycle：SSC）はジャンプトレーニングにおいて有効とされています。SSCは文字どおり伸ばされた筋肉が短縮するという繰り返しのことを示し，伸ばされたときに発生する伸張反射を利用して筋肉が短縮することでより大きな力を発揮するという考え方です。ジャンプ動作の練習などにおいて用いられ，プライオメトリックトレーニングと呼ばれることがあります（**図 4-18**）。

3. Ib 抑制反射によって筋肉は弛緩される

　Ib 抑制反射は，ある筋肉に強い力がかかったときに，その筋肉が弛緩するという反射です。Ib 抑制反射における感覚器は腱のなかにあるゴルジ腱器官です。ゴルジ腱器官は，腱にかかる力を持続的に感知する感覚器です。ゴルジ腱器官は

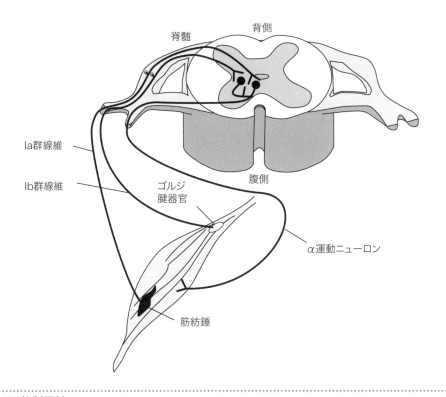

脊髄
背側
Ia群線維
Ib群線維
ゴルジ
腱器官
腹側
α運動ニューロン
筋紡錘

図4-19　Ib 抑制反射
Ib 抑制の役割は，過大な収縮力による損傷の予防あるいは抑制的な筋張力調整と考えられている。

関節角度を感知するのに重要な役割を果たします。

　ゴルジ腱器官は感知した力を活動電位に変換し，Ib 群線維と呼ばれる感覚ニューロンを通じて脊髄にその情報を伝えます。脊髄では抑制性介在ニューロン（よくせいせいかいざい）と呼ばれるニューロンを介して α 運動ニューロンの活動を抑え，筋肉は弛緩します。情報を発信した筋肉自身が抑制されるため，この反射は自原抑制（じげん）と呼ばれることがあります（**図4-19**）。Ib 抑制の役割は，過大な収縮力による損傷の予防あるいは抑制的な筋張力調整と考えられています。

　Ib 抑制は筋肉の弛緩を導くため大きな関節可動域の獲得に重要です。実際，PNF（固有受容性神経筋促通法）は，Ib 抑制の原理を利用して筋肉の弛緩性を獲得し，より大きな関節可動域を得ることを目的の 1 つとしています。

4.　脳が随意運動をつかさどる

　脳は，思った方向にボールを投げるといったような随意運動をつかさどる重要な中枢神経です。脳はその構造と機能から大脳，中脳，間脳，小脳，脳幹に分けられます。以下，部位別，機能別に脳について説明します。

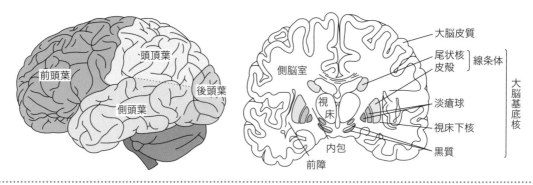

図4-20　大脳の大脳皮質と大脳基底核
大脳のなかで運動にかかわる部位は大脳皮質と大脳基底核である。

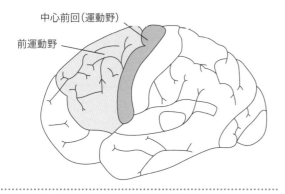

図4-21　大脳皮質の前運動野と運動野
大脳皮質で運動にかかわる部分は複数個所に分かれ，それぞれが独自の機能をもって存在する。

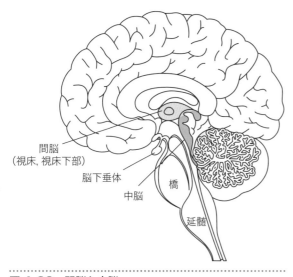

図4-22　間脳と中脳

1）大脳は随意運動を立案し，それに見合った運動パターンの命令を下す

大脳は左脳と右脳に分けられます。大脳のなかで大脳皮質と呼ばれる大脳表面の部分で随意運動の企画・命令を行い，大脳基底核と呼ばれる大脳の内部の部分で運動の制御，調節を行います（図4-20）。大脳皮質も大脳基底核も細胞体が集まってできている灰白質の部分と一致します。

大脳皮質は部位によって役割が分担されています。前運動野は視覚情報などのさまざまな情報を受けて随意運動を立案し，その後，運動野でその動きに見合った運動パターンを行うような命令を出すと考えられています（図4-21）。

2）間脳や中脳は随意運動の制御，調節を行う

間脳は視床と視床下部でできています。特に視床は大脳皮質の運動野から出された運動パターンの命令を適切な筋肉の適切な運動に変換して脊髄に伝える役割が想定されています（図4-22）。

中脳は間脳の下，脳幹の上に存在します。

中脳には赤核と呼ばれる部分があります。赤核には大脳皮質の運動野，小脳，脊髄へ神経細胞がつながっている（投射している）ため，運動制御に重要な役割を果たすとされています（**図4-22**）。

3）小脳および脳幹は運動の制御・調節に加えて，運動を記憶する場所がある

　小脳は大脳皮質の運動野からの神経細胞の投射を受けるとともに脊髄へ投射する神経細胞を有します。また固有受容器からの神経細胞も小脳に投射され，その情報を大脳皮質からの運動命令と比較することで，大脳皮質が企画した運動（命令）と実際に行った結果（固有受容器からの情報）の差から正しい運動に近づける役割があるとされています。実際，小脳が損傷すると運動，歩行，姿勢維持などさまざまな運動が行えなくなります。

　通常の学習や記憶に関して，脳の海馬という場所が重要であることがわかっています。スポーツや運動の動作も練習することで記憶することができます。小脳は運動学習や記憶において重要な役割を果たすこともわかっています。

Column 4

意識が高ければ復帰も早い

　筆者らの所属する大学にはスポーツドクターが多数おられるので，損傷した選手のリハビリや復帰に関してお話しを伺うことがあります。特に印象深いお話しとして，競技力が高くて意識の高い選手は復帰が早いということがあります。損傷をしてギプス固定などをしてしまうと，アスリートの生命ともいえる筋力低下が顕著に起きてしまいます。いくら意識が高くてもイメージトレーニング（イメトレ）くらいしかできません。本章で神経が筋力に影響を与えるということが紹介されていますが，筋力トレーニングのイメトレははたして効果があるのでしょうか。

　2014年に米国のグループが発表した論文によると，手首をギプス固定した対象者28名のうち14名に，5秒間全力で手首を曲げて5秒間休息するというイメトレを，4回を1セットとして13セット行うことを週5回実施するという実験を行ったそうです。4週間のギプス固定の後，筋力評価を行ったところ，イメトレをしなかった群は，元の筋力に比較して45%程度筋力低下がみられました。ところがイメトレをした群は，24%程度の筋力低下にとどまっていたとのことです。

　アスリートにかぎった話ではないと思うのですが，素晴らしい成果を残すような人はほぼ例外なく四六時中自分の仕事のことを考え，その成果をより素晴らしいものにするために日々工夫を凝らしているものだと思います。1日でも早い復帰を願うアスリートであれば，自分のパフォーマンスがいかに高まるかといったイメトレをすることもあるでしょう。意識が高ければ復帰が早いという話はまったく根拠がないともいえないかもしれません。

Clark BC, et al.: The power of the mind: the cortex as a critical determinant of muscle strength/weakness. J Neurophysiol, 112: 3219-3226, 2014.

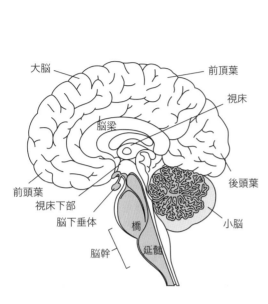

大脳
前頂葉
視床
脳梁
前頭葉
視床下部
脳下垂体
橋
延髄
脳幹
後頭葉
小脳

図 4-23　小脳と脳幹

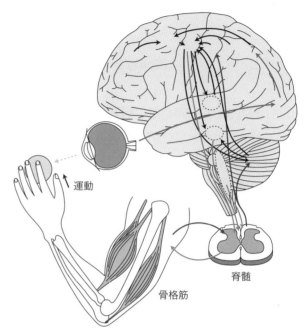

運動
脊髄
骨格筋

図 4-24　神経のネットワークと運動
目で物をみて指で触れる動作にかかわる神経系のかかわりを示す。矢印は神経細胞のつながり（投射）であり，脳のなかのさまざまな箇所が神経細胞を通じて情報のやり取りをすることで，最終的な動作につながっていることがわかる。

脳幹（のうかん）は延髄（えんずい）と橋（きょう）からできています。延髄の前庭核は運動学習や記憶にかかわるとされています。また延髄は反射運動の中枢になっており，随意運動の調整をします（図 4-23）。

これら脳の各部および脊髄の調節を受けて最終的な身体動作が形成されます。運動にかかわるこれらの神経細胞のネットワーク形成によって，目的とするような身体動作が可能になるため，日々のトレーニングによって筋肉だけではなく小脳をはじめとする神経系が"鍛（きた）えられる"ことが理解できると思います（図4-24）。

*解答は p.188

次の文章のかっこにあてはまる言葉を答えてください。

1. 脳や脊髄によって形成された運動命令は（　①　）を通じて筋肉に活動電位を伝えます。1 本の（　①　）が支配する筋線維群のことを（　②　）と呼びます。同じ運動単位にある筋線維は同時に力を発揮します。（　①　）が支配する筋線維の数が少ないと小さい力での細かい運動が可能になり，（　①　）が支配する筋線維の数が多いと大きな力での動きの大きな運動になります。支配する神経と筋線維の数の比を（　③　）と呼びます。

2. スパイクのような活動電位が 1 つ到達すると，骨格筋は収縮します。このときの収縮を，（　①　）と呼びます。活動電位が複数本到達すると，そのたびに骨格筋は（　①　）します。このとき 1 秒間当たりの活動電位の数が多ければ，骨格筋が発揮する力は 1 つひとつの単収縮の力を重ね合わせたように大きくなります。このことを力の（　②　）といい，このとき骨格筋は（　③　）しているといいます。日常生活やスポーツ活動において，骨格筋は（　③　）することで力を発揮しています。

3. 神経細胞と骨格筋のつながりのことを（　①　）といいます。神経線維を伝わってきた活動電位は，最終的には（　①　）まで到達します。（　①　）において神経と筋肉の間には（　②　）というすきまがあるため，神経から筋肉へ電気信号が直接伝わることはありません。その代わり（　③　）と呼ばれる物質が（　②　）に分泌されます。（　②　）は骨格筋側にある受容体と結合することで，今度は骨格筋側に活動電位が発生します。骨格筋で発生した活動電位は，（　④　）と呼ばれる場所を通って筋線維内に伝わっていきます。（　④　）を通して伝達される活動電位が（　⑤　）まで到達すると，（　⑤　）から（　⑥　）イオンが放出されます。（　⑥　）イオンがアクチンとミオシンの相互作用を開始させることで，筋収縮が発生します。これらの一連の出来事を（　⑦　）と呼びます。

4. 骨格筋，腱，靭帯には，力や長さを感じるセンサーがあります。このセンサーのことを（　①　）と呼びます。（　①　）には様々なものがありますが，骨格筋のなかには，骨格筋の長さを検出するセンサーがあり，これを（　②　）といいます。腱のなかにも腱にかかる力を感じるセンサーがあり，これを（　③　）と呼びます。

5. 伸張反射では，感覚器である（　①　）が筋肉が引き伸ばされたことを感知します。すると，その情報を活動電位として求心性の感覚ニューロン〔（　②　）〕で脊髄に伝えます。脊髄ではその情報を処理し，引き伸ばされた筋肉には（　③　）する命令を出し，同時に引き伸ばされた筋肉の（　④　）には弛緩する命令を出します。結果的に引き伸ばされた筋肉は収縮します。

　　腱に強い力がかかったとき，受容体である（　⑤　）は感知した力を活動電位に変換し，（　⑥　）と呼ばれる感覚ニューロンを通じて脊髄にその情報を伝えます。脊髄では（　⑦　）がα運動ニューロンの活動を抑え，強い力がかかった腱につながる筋肉は弛緩します。この反射を（　⑧　）と呼びます。

第5章

呼吸器系とスポーツ

　マラソン競技に代表されるような長い距離をできるだけ速く走りきる能力は"いかに多くの酸素を体内に取り込み",そして"その取り込まれた酸素をどのように利用するか"がポイントになります。

　さまざまな運動において,呼吸の回数が増えることは誰しもが経験することですが,それは体内に多くの酸素を取り込むための反応です。

　この章では,酸素を体内に取り込む"呼吸"について理解を深めるため,呼吸器系の構造や働き,運動トレーニングによる酸素摂取能力の変化や適応などについて解説します。

I. 呼吸器の構造

1. 呼吸器は気管・気管支・肺に分けられる

　呼吸器は口および鼻から酸素を取り込み，二酸化炭素を排出する器官です。呼吸器は口腔，鼻腔，咽頭，喉頭，気管，気管支，そして肺からなります（**図5-1**）。

　肺は左右に２つあり，右肺は上葉，中葉，下葉に分かれ，左肺は上葉と下葉に分かれています。右肺のほうが左肺より少し大きく，これは心臓が若干左寄りにあるためです。それぞれの肺は胸膜でおおわれています。肺の重さは成人男性で約１kgです。肺のなかは，細気管支から枝分かれした肺胞と呼ばれる組織がブドウの房のように取り巻いています（**図5-2**）。肺胞１つの大きさは0.1 mmほどですが，大人の場合，およそ３億個あるといわれています。そのため，肺胞を１つひとつ広げていくと，その表面積はテニスコート１面分に相当するといわれています。また，肺胞と細気管支は肺胞管でつながっており，隣接した肺胞は肺胞孔という穴でつながっています。気道より取り込まれた酸素はこれらの管や孔を出入りしています。この肺胞は気道から取り込まれた酸素を細胞へわたし，細胞で排出された二酸化炭素を受けとる役割を担っています。これをガス交換といいます（**図5-3**）。

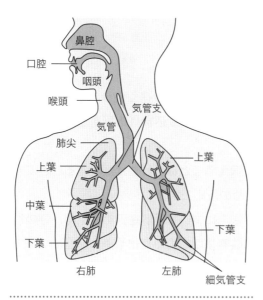

口腔
鼻腔
咽頭
喉頭
気管支
気管
肺尖
上葉
上葉
中葉
下葉
下葉
右肺
左肺
細気管支

図5-1　呼吸器と肺の構造
呼吸器は口腔，鼻腔，咽頭，喉頭，気管，気管支，肺からなり，右肺は上葉，中葉，下葉に，左肺は上葉と下葉に分かれる。

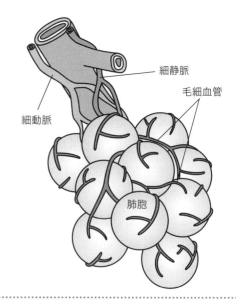

細静脈
毛細血管
細動脈
肺胞

図5-2　肺胞の構造
肺のなかは，細気管支から枝分かれした肺胞がブドウの房のように取り巻いている。

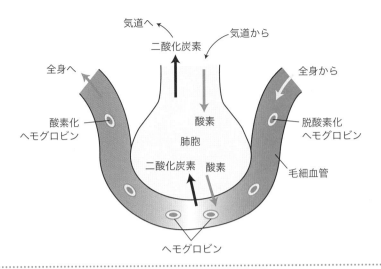

気道へ
気道から
二酸化炭素
全身へ
全身から
酸素化
ヘモグロビン
脱酸素化
ヘモグロビン
酸素
肺胞
二酸化炭素　酸素
毛細血管
ヘモグロビン

図 5-3　ガス交換
肺胞は気道から取り込んだ酸素や栄養素を細胞へわたし，細胞で利用された二酸化炭素や
老廃物を受けとる役目を担っている。

2. 呼吸は呼吸筋によって行われる

　呼吸では，肺に酸素を取り込むことが重要ですが，肺自体は動くことはありません。呼吸のために肺を動かす筋肉は呼吸筋（こきゅうきん）と呼ばれています。呼吸筋の代表的なものとして横隔膜（おうかくまく）と肋間筋（ろっかんきん）があげられます。

　横隔膜とは，胸（胸腔）（きょうくう）とお腹（腹腔）（ふくくう）を隔てる筋肉のことで，横隔膜が収縮すると胸腔が広がり，酸素が肺のなかへ流れこみます。横隔膜がゆるむと，二酸化炭素が肺から押し出されます。

　肋間筋は，肋骨と肋骨をつないでいる筋肉で，内側（内肋間筋）と外側（外肋間筋）の2種類があります。内側は肋骨を引き下げて息を吐き，外側は肋骨を引き上げて息を吸います。横隔膜と肋間筋の収縮と弛緩（しかん）によって呼吸が行われます（図 5-4）。一般的には横隔膜をよく使う呼吸法を腹式呼吸，肋間筋をよく使う呼吸法を胸式呼

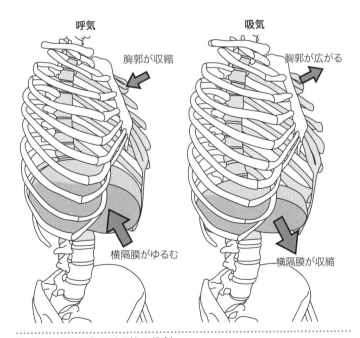

呼気
胸郭が収縮
横隔膜がゆるむ

吸気
胸郭が広がる
横隔膜が収縮

図 5-4　呼吸時の呼吸筋の役割
胸郭が収縮することによって横隔膜がゆるみ，胸郭が広がることによって横隔膜が収縮する。この繰り返しによって呼吸が行われる。

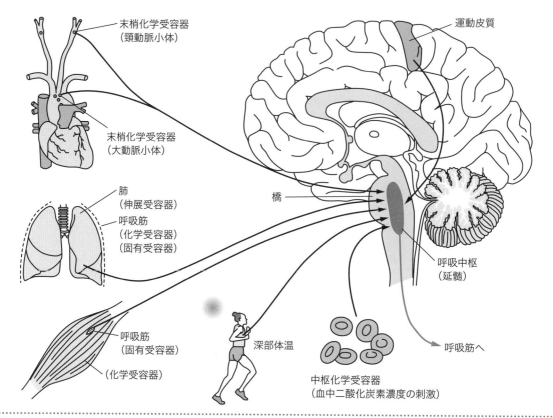

末梢化学受容器
（頸動脈小体）

運動皮質

末梢化学受容器
（大動脈小体）

肺
（伸展受容器）

呼吸筋
（化学受容器）
（固有受容器）

橋

呼吸中枢
（延髄）

呼吸筋
（固有受容器）

（化学受容器）

深部体温

呼吸筋へ

中枢化学受容器
（血中二酸化炭素濃度の刺激）

図5-5　呼吸の調節
脳の延髄にある呼吸中枢が，呼吸筋に対して収縮と弛緩の指令を出している。興奮などの刺激が呼吸中枢に入力されることで呼吸が調節される。また，頸動脈や大動脈にも呼吸の変化を感知するセンサーがあり，それらの刺激も延髄に伝わり，呼吸が調節されている。

吸と呼んでいます。**呼吸数は，成人で1分間に15回前後です。**

　睡眠中のように，呼吸は自分の意志で行わなくても止まることはありません。したがって，呼吸は不随意に調節されています。しかし，ヨガの呼吸のようにゆっくり吸ったりゆっくり吐いたり，あるいは大きく吸ったり大きく吐いたり，小さく吸ったり小さく吐いたりして，呼吸のタイミングを随意に変えることも可能です。また，試合の前などに，意識して呼吸をゆっくりすることにより，気持ちを落ち着かせたりします。つまり，呼吸は不随意でも随意でも行うことができます。

　不随意で行うからだの働きをコントロールしているのが自律神経です。したがって，自律神経がコントロールしているからだの働きのうち，呼吸だけが唯一自分の意志で行うことができます。

　呼吸筋はこのような呼吸の変動を調整しています。呼吸筋に対して収縮と弛緩の指令を出しているのが，呼吸を調節する**呼吸中枢**です。呼吸中枢は脳の延髄にあります。運動しているときは呼吸が荒くなりますが，それがおさまってくると

呼吸は落ち着いてきます。このような刺激が呼吸中枢に入力されることで呼吸が調節されています（**図5-5**）。また，頸動脈や大動脈にも呼吸の変化を感知するセンサーがあり，それらの刺激も延髄に伝わり，呼吸が調節されています。

II. 呼吸器の働き

1. 呼吸とは酸素と二酸化炭素の交換である

口や鼻から取り込まれた空気は気管を通って肺に到達します。気管は途中で2つに枝分かれし，左右の肺とつながっています。二酸化炭素はその反対の経路を通って口や鼻から排出されます。成人では1分間に250 mLの酸素を取り込み，200 mLの二酸化炭素を排出しています。つまり，250 mLの酸素が消費された結果，200 mLの二酸化炭素が産生されることになります。このような肺での空気の出入りを肺換気（はいかんき）といいます（**図5-6**）。肺換気の量を1分間あたりで表わしたものを分時換気量（ふんじかんきりょう）と呼びます。1回の呼吸によって行われる肺換気量を1回換気量といいます。1回換気量は成人で0.5 ～ 1L程度です。したがって，1回換気量に1分間の呼吸数を掛けると分時換気量が計算できます。

2. 酸素は肺で二酸化炭素と交換される

ガス交換は肺胞の膜と毛細血管の壁を通して行われます（**図5-3**）。酸素は肺胞から毛細血管に，二酸化炭素は毛細血管から肺胞に受け渡されます。肺胞内には酸素と二酸化炭素の受け渡し役をするものがありません。したがって，肺胞でのガス交換は拡散（かくさん）という現象によって行われます。拡散とは濃度の高いほうから低いほうに物質が移動する現象のことをいいます。すなわち，酸素は濃度が高い肺胞から濃度の低い毛細血管へ，二酸化炭素は濃度の高い毛細血管から濃度の低

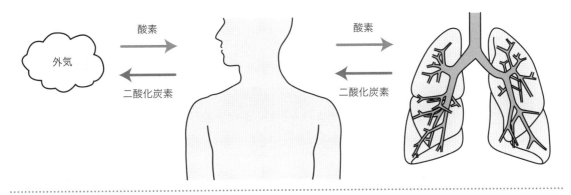

図5-6 肺換気
成人では1分間に250 mLの酸素を取り込み，200 mLの二酸化炭素を排出している。

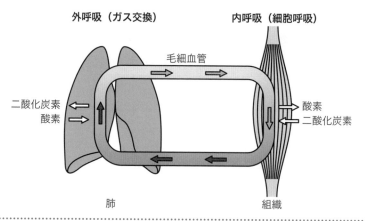

図5-7 内呼吸と外呼吸
内呼吸とは，組織や細胞内での酸素と二酸化炭素の受け渡しのことで，外呼吸とは，肺での酸素と二酸化炭素の受け渡しのことをいう。

い肺胞へと自動的に移動します。この移動によって拡散が行われています。

　ガス交換によって受け渡された酸素は，動脈を通って筋肉や内臓に送られます。ガス交換は血液中の赤血球に含まれるヘモグロビンという物質の働きで行われます。ヘモグロビンには，酸素や二酸化炭素と結合したり，それを放出したりする働きがあります。酸素と結合したヘモグロビンを酸素化ヘモグロビン，酸素を放出したヘモグロビンを脱酸素化ヘモグロビンといいます。つまり，肺胞では拡散によって毛細血管に酸素が移動しますが，その酸素がヘモグロビンと結合し，酸素化ヘモグロビンとして全身に送り届けられるのです。送り届けられた酸素は，必要とされる筋肉や内臓に酸素を渡し，二酸化炭素を受け取ります。このような組織や細胞内での酸素と二酸化炭素の受け渡しは内呼吸と呼ばれています。これに対して肺での酸素と二酸化炭素の受け渡しは外呼吸と呼ばれています（図5-7）。

　呼吸によって肺胞から血液に取り込まれた酸素は，そのほとんどが赤血球のなかにあるヘモグロビンに結合します。このようなヘモグロビンに酸素が取り込まれた割合を酸素飽和度といいます。つまり，酸素飽和度はヘモグロビンの何パーセントが酸素と結合しているかを示します。酸素飽和度は全身にどれだけ酸素が供給されているかを表わす指標で，健康な成人の酸素飽和度は約95〜98％です。酸素飽和度が90％を下まわると明らかな酸素不足の状態です。酸素飽和度によって呼吸時の酸素の取り込みの状況を知ることができます。

3. 取り込まれた酸素は気圧の低いほうへ受け渡される

　肺で取り込まれた酸素は，肺胞と毛細血管の間の気圧差によって拡散されま

す。気体に占める酸素の割合は，量や濃度ではなく圧力で表わされます。これを酸素分圧（さんそぶんあつ）といいます。大気中の空気を100％とすると酸素は20.93％，窒素は79.04％，そして二酸化炭素は0.03％です。1気圧は760 mmHgですから1気圧（760 mmHg）に酸素の割合を掛ける（760 × 0.2093）と約160 mmHgとなります。実際は気道（解剖学的死腔）（かいぼうがくてきしくう）にガス交換で利用されなかった酸素（空気）がありますから，その残気に混ざることによって加湿され，約100 mmHgとなります。したがって，酸素分圧が約100 mmHgのときヘモグロビンが酸素と結合している割合（酸素飽和度）は約100％（実際は98％程度）となります。

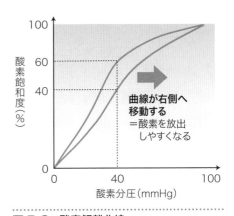

図 5-8　酸素解離曲線
酸素解離曲線は，運動による体温上昇や乳酸の蓄積量の増加によって右側へ移動する。これは酸素を放出しやすくなったことを表わす。

グラフ内ラベル：酸素飽和度（％）／酸素分圧(mmHg)／曲線が右側へ移動する＝酸素を放出しやすくなる

　ガス交換後の肺胞内のほとんどのヘモグロビンは酸素と結合した酸素化ヘモグロビンです。したがって，酸素飽和度は高く，肺胞内の気圧も高くなります。一方，身体運動や生命維持活動によって酸素を利用した組織は，酸素が不足しているため気圧が低くなります。肺からヘモグロビンによって送り届けられた酸素は，この気圧の差を利用して酸素を受け渡します。酸素がヘモグロビンと結合している割合と酸素分圧の関係を酸素解離曲線（さんそかいりきょくせん）で表わすことができます。また，運動による体温の上昇や乳酸の蓄積量の増加によって，酸素解離曲線は右側へ移動します。この移動はボーア（Bohr）効果と呼ばれ，運動中は酸素が必要な組織（活動筋など）に対してより酸素を受け渡ししやすい環境に変化します（図5-8）。競技会やトレーニングを行う前にウォーミングアップを行って体温（筋温）を上昇させるのはそのためです。

4. 取り込まれた酸素はすべて使用されているわけではない

　呼吸では，酸素とともに大気中の窒素や二酸化炭素も同時に取り込んでいます。肺に取り込むことができる空気（酸素，窒素，二酸化炭素）の量は成人男性で約4Lです。1回の自然呼吸では4Lもの空気を取り込むことはありません。せいぜい0.5～1L程度です（1回換気量）。つまり，1回の呼吸では，肺の容量からみると十分な余裕をもって呼吸していることになります。1回の自然呼吸でよりたくさんの空気を取り入れることができますが，それを予備吸気量（よびきゅうきりょう）といいます。また，1回の自然呼吸でさらに空気を吐き出すことができますが，それを予備呼気量（よびこきりょう）といいます。肺や気管には常に空気が残っており，それを残気量（ざんきりょう）といいます。さらに，取り込まれた空気はすべて肺に達するわけではなく，一部は気

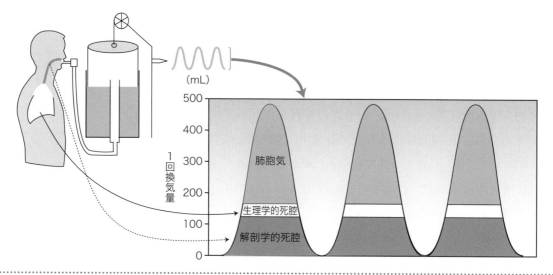

図 5-9　生理学的死腔と解剖学的死腔
取り込まれた空気はすべて肺に達するわけではなく，一部は気管に残っている。この空気はガス交換に使用されることはなく，これを解剖学的死腔という。

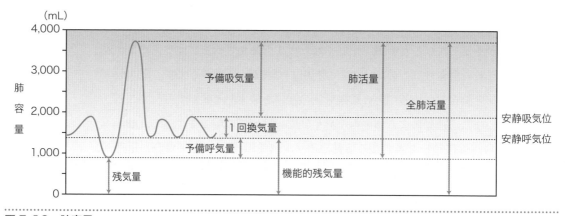

図 5-10　肺容量
肺には成人男性で 4 L もの空気を取り込めるが，1 回換気量は 0.5 〜 1 L 程度である。肺の容量からみると十分な余裕があることになるが，その余裕のことを予備吸気量といい，1 回の自然呼吸でさらに空気を吐き出すことができる量を予備呼気量という。さらに，肺や気管に常に残っている空気のことを残気量という。

　管に残っています。この空気はガス交換に使用されることはありません。これを
解剖学的死腔といいます（**図 5-9，図 5-10**）。肺に取り込まれた空気もすべて
ガス交換に使用されるわけではありません。これを生理学的死腔といいます。
　呼吸で取り込まれた酸素はすべてが使用されているわけではありません。大気
中の空気を 100％とすると酸素は 20.93％，窒素は 79.04％，二酸化炭素はわず
か 0.03％です。そのうち窒素は呼吸に関係しません。取り込まれた酸素のうちい
くらかは呼気から排出されています。これは動脈と静脈に含まれる酸素の差から
求めることができ，動静脈酸素較差といわれています。そのため，人工呼吸時に

マウス−トゥ−マウスで呼吸を停止している人に酸素を送ることができるのです。

5. 安静時に取り込まれた酸素から生命維持に必要なエネルギー量がわかる

　生命を維持するために必要な最小限のエネルギー量を基礎代謝量といいます。12時間以上絶食し，8時間以上睡眠した後に，目が覚めてすぐの仰向けに寝た状態（仰臥位）での酸素摂取量を測定することで算出できます。12時間絶食するのは，消化・吸収や同化作用の影響を取り除くためです。

　基礎代謝量と同じような意味合いで安静時代謝量という言葉が使われることがあります。基礎代謝量は，前述のような厳格な条件下で測定するのに対し，安静時代謝量は，食後3時間以上経過し，十分な安静状態を保ち，椅子に座った状態の酸素摂取量を測定します。仰臥位と椅子に座った状態では，使う筋肉量が異なりますので，安静時代謝量は，基礎代謝量の約1.2倍の値になります。

6. 基礎代謝量は呼吸，心拍，体温の維持などで構成される

　基礎代謝量は，1日中まったく身体を動かさずに，仰向けに寝ている状態でのエネルギー消費量と考えることができます。からだを動かさずにいても，細胞内では絶えず物質の合成と分解を繰り返して活発に生命活動を行っています。その

表 5-1　性・年代別の基礎代謝基準値

性別	男性			女性		
年齢（歳）	基礎代謝基準値（kcal/kg体重/日）	基準体重（kg）	基礎代謝量（kcal/日）	基礎代謝基準値（kcal/kg体重/日）	基準体重（kg）	基礎代謝量（kcal/日）
1〜2	61.0	11.7	710	59.7	11.0	660
3〜5	54.8	16.2	890	52.2	16.2	850
6〜7	44.3	22.0	980	41.9	22.0	920
8〜9	40.8	27.5	1,120	38.3	27.2	1,040
10〜11	37.4	35.5	1,330	34.8	34.5	1,200
12〜14	31.0	48.0	1,490	29.6	46.0	1,360
15〜17	27.0	58.4	1,580	25.3	50.6	1,280
18〜29	24.0	63.0	1,510	22.1	50.6	1,120
30〜49	22.3	68.5	1,530	21.7	53.0	1,150
50〜69	21.5	65.0	1,400	20.7	53.6	1,110
70以上	21.5	59.7	1,280	20.7	49.0	1,010

ため，常に呼吸筋を動かして酸素を取り入れ，心臓を拍動して血液を循環させ，体温を約 37℃に維持する必要があります。

　ほかにもホルモンの分泌や神経伝達が常になされており，からだを動かさない状態でも，生命を維持するためにエネルギーは消費されています。したがって，けがなどで動けない状態が続いても，必要なエネルギー量を摂取することが必要です。基礎代謝量の基準値は，20 歳代であれば男性で 1 日約 1,500 kcal，女性で 1 日約 1,100 kcaL です（**表 5-1**）。これは，1 日の総消費エネルギ−のうち，約 60 〜 70%を占めています。

III. 呼吸器系と運動トレーニング

1. 運動強度が増加すると呼吸数も増加する

　運動を開始すると筋肉の活動量が増えるため，多くの酸素が必要になります。運動時に呼吸数が増えるのはそのためです。運動中の呼吸数は 1 分間に 35 〜 45 回程度にまで上昇します。運動中は呼吸の回数とともに，1 回に取り込む空気の量，すなわち 1 回換気量も増加します。運動中の 1 回換気量は約 3 L 程度まで増加します。このように，運動中は呼吸数と 1 回換気量を掛け合わせた 1 分間の換気量（分時換気量）も増加します。運動中の 1 分間の換気量は安静時の 15 〜 25 倍にも増加し，90 〜 150 L もの空気を取り込みます。強度の低い有酸素性運動中の換気量は 1 回換気量の増加の影響を受け，強度の高い有酸素性運動中の換気量は呼吸数の増加の影響を受けます。

　運動中の換気量は運動開始 10 〜 20 秒で急激に増加します。その後，換気量は 2 〜 3 分かけてゆるやかに増加し，4 〜 5 分で落ち着いてきます。これを定常状態といいます（**図 5-11**）。換気量が定常状態に達するということは，取

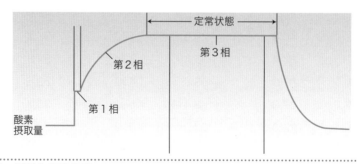

図 5-11　呼吸と定常状態
運動中の換気量は運動開始 10 〜 20 秒で急激に増加し（第 1 相），その後，2 〜 3 分かけてゆるやかに増加し（第 2 相），4 〜 5 分で落ち着く。これを定常状態という（第 3 相）。

り込んだ酸素が安定して活動筋に供給され，活動筋で利用された酸素が二酸化炭素に変換されて体外に排出されていることを意味します。

2. 運動中は酸素がたくさん取り込まれる

運動時はその強度に伴って必要とされる酸素量が増加します。それを酸素需要量（じゅようりょう）といいます。運動を開始すると，呼吸数とともに酸素を取り込む量も増えます。1分間に体内に取り込むことができる酸素の指標を酸素摂取量（さんそせっしゅりょう）といいます。また，疲労困憊（ひろうこんぱい）まで有酸素性運動を続けたときの酸素摂取量の最大値を最大酸素摂取量といいます。したがって，酸素摂取量は有酸素性能力を示す指標の1つで，体内に取り込む酸素の量が多いほど心臓や肺などの呼吸循環機能が強いといえます。この値が大きいほど"持久力が優れている"と評価されます。

酸素摂取量の測定は，口と鼻をおおうマスクを装着して運動中の呼気を採取します（図5-12）。運動中は酸素とともに窒素と二酸化炭素も取り込んでいます。しかし，前述したように窒素は呼吸に関係しません。したがって，呼気中の酸素の量（割合）と大気中の酸素の量（20.93％）の差から取り込んだ酸素量を算出できます。

運動中の酸素摂取量を増加させるためには，呼吸数を増やすよりも1回換気量を増やすほうがよいと考えられています。前述したとおり，取り込んだ空気はすべてガス交換に利用されるわけではありません。しかし，1回換気量を増加させると解剖学的死腔も増加しますが，それを上まわる空気の取り込みを行うことができます。そのため，呼吸数を増やすよりも1回換気量を増やすほうが，より多くの酸素を取り込むことができるということになります。

酸素摂取量は，運動強度が増加するとともに直線的に増加します。しかし，運動強度を増加し続けても，ある時点で酸素摂取量が増加しなくなります。その時点が最大酸素摂取量です（図5-13）。最大酸素摂取量は"L／min（分）"あるいは"mL／kg／min（分）"

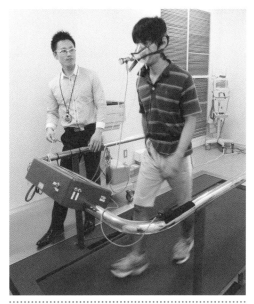

図 5-12　酸素摂取量の測定

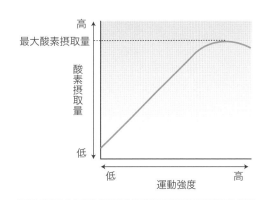

図 5-13　酸素摂取量と運動強度の関係
酸素摂取量は，運動強度が増加するとともに直線的に増加するが，運動強度を増加し続けても，酸素摂取量が増加しなくなる時点が最大酸素摂取量である。

表 5-2　酸素摂取量の絶対値と相対値

	A さん	B さん
体重（kg）	61	95
絶対値（L/ 分）	2.7	3.4
相対値（mL/kg/ 分）	44.3	35.8

絶対値は 1 分間に取り込まれた酸素の量を表わし，相対値は体重 1kg あたり 1 分間に取り込まれた酸素の量を表わす。

表 5-3　マラソン選手の酸素摂取量

		最大酸素摂取量（mL/kg/ 分）	マラソンの最高記録
男子	A	84.2	2 時間 13 分 25
	B	83.0	2 時間 10 分 27
	C	71.3	2 時間 10 分 30
	D	69.7	2 時間 08 分 33
女子	A	78.6	2 時間 24 分 52
	B	73.5	2 時間 25 分 29
	C	72.7	2 時間 30 分 30
	D	66.7	2 時間 15 分 25

有酸素性トレーニングを専門的に行っているマラソン選手などの体重あたりの最大酸素摂取量は，一般成人の 2 倍近い値になる。

で表わされます。"L/min" は，1 分間に取り込まれた酸素の量を表わし（絶対値），"mL/kg/min（分）" は，体重 1 kg あたり 1 分間に取り込まれた酸素の量を表わします（相対値）。つまり，体重の重い人はからだに占める筋肉の量が多いため，たくさんの酸素を摂取することができます。しかし，体重 1 kg あたりに換算すると，体重の重さに関係なく同一条件で酸素摂取量を比較することができます（**表 5-2**）。したがって，酸素摂取量は相対値での評価が必要になります。

酸素摂取量を増加させる運動トレーニングは，有酸素性トレーニングです。有酸素性トレーニングを行うと，酸素を取り込むことができる能力が向上します。一般成人男性の最大酸素摂取量は体重あたり 40 mL/kg/分程度ですが，有酸素性トレーニングを専門的に行っているアスリートの最大酸素摂取量は，体重あたり 80 mL/kg/分を超える値を示します（**表 5-3**）。

運動トレーニングによって最大酸素摂取量を増加させるには，運動の強度，時間，頻度，期間が重要です。なかでも強度が最も重要となります。したがって，最大酸素摂取量を増加させるための運動トレーニングとしては，最大酸素摂取量に達するような強度で，その運動をできるだけ長く続けることが重要となります。このような運動トレーニングを 1 週間に行う頻度を多くして，一定期間継続すると，最大酸素摂取量は増加します。ただし，運動トレーニングの効果を上げるには，適度な休息が必要なことはいうまでもありません。

また，有酸素性トレーニングによって，肺胞で酸素を拡散させる能力も向上します。つまり，有酸素性トレーニングはより多くの酸素を取り込み，その酸素を肺の拡散によって活動筋に送り届ける能力を向上させるのです。

3. 酸素摂取量を測定すると消費エネルギーが測定できる

消費エネルギー量を直接測定することは非常に困難なため，一般的に間接的に測定する方法が用いられています。エネルギーである ATP を産生するためには酸素が必要であることから，酸素摂取量を測定することでエネルギー代謝量を算

出することができます。つまり"エネルギー代謝量＝酸素摂取量＝エネルギー消費量"という関係がなり立ちます。酸素 1 L を用いて約 5 kcal のエネルギーを産生することができますので，1 L の酸素を摂取した場合には，5 kcal のエネルギーを消費したということになります。

　身体活動の増加に伴って，エネルギー代謝は増大します。運動強度や時間，運動部位によってエネルギー消費量は変化します。特に骨格筋は，収縮時に多くのアデノシン三リン酸（ATP）を必要とするので，活動筋群が多いほうがエネルギー消費量は大きくなります。したがって，自転車運動のような下肢中心の運動よりも，ジョギングなどの全身運動のほうが，同じ時間運動をした場合にエネルギー消費量が多くなります。

Column 5

動脈伸展性は最大酸素摂取量に影響する？

　有酸素性運動パフォーマンスの生理学的要因の 1 つは最大酸素摂取量です。この章で学んだとおり，最大酸素摂取量は運動負荷や走スピードを漸増することによって得られる個々の酸素摂取量の最大値です。最大酸素摂取量は持久的な運動中のパフォーマンスを決定する重要な要因であるとともに，心臓や呼吸器系の体力指標としても頻繁に用いられます。

　最大酸素摂取量は日々の測定でわずかながら変動します。つまり，最大酸素摂取量が高い日もあれば低い日もあるということです。アスリートであればコンディションの良し悪しと関係するかもしれません。

　動脈は酸素や栄養素を組織（運動中は活動筋）へ運搬する重要な臓器です。動脈は加齢に伴い弾力性が失われ，硬化度が増加していきます。動脈伸展性の指標である動脈硬化度は，心血管系の健康指標として一般的に用いられています。

　最大酸素摂取量と同様に動脈硬化度も日々の測定で変動することが確認されています。動脈硬化度が増加すると，心臓が周期的に血液を送り出す際にすばやく拡張しにくくなるため，活動筋への酸素供給に影響を及ぼします。

　最近の研究において，最大酸素摂取量と動脈硬化度を 1 ヵ月間隔で 2 回測定し，1 回目から 2 回目の測定で最大酸素摂取量が増加すると動脈硬化度が減少するという関係が認められています。つまり，最大酸素摂取量が高い日の動脈はやわらかいということです。したがって，動脈硬化度は有酸素性運動パフォーマンスの決定要因の 1 つである可能性があります。動脈伸展性はアスリートのコンディション指標として有用であるかもしれません。

Okamoto et al., Is individual day-to-day variation of arterial stiffness associated with variation of maximal aerobic performance? BMC Sports Sci Med Rehabil, 13: 4, 2021.

4．METs を使うと消費カロリーを推定できる

METs（メッツ）は，運動強度の指標であり，安静時の何倍のエネルギーを消費するのかを示します。METs は，次式のように表わすことができます。

METs ＝運動時代謝量（エネルギー消費量）÷安静時代謝量（エネルギー消費量）

椅子に座って安静にした状態を 1 METs とし，歩行は 4 METs，軽いジョギングは 6 METs となります（**表5-4**）。つまり，歩行は安静時の 4 倍の運動強度，軽いジョギングは安静時の 6 倍の運動強度であることを示しています。この METs がわかると，運動によって消費されたエネルギー量を算出することができます。

運動時エネルギー消費量（kcal）＝ 1.05 × METs × 時間（h）× 体重（kg）

たとえば，体重 60 kg の人が歩行運動を 1 時間行った場合，

1.05 × 4 × 1（時間）× 60（kg）＝ 252 kcal

アメリカスポーツ医学会では，体脂肪を減少するためには 1 週間あたり 2,000 kcal（1 日あたり 285 kcal）消費することをすすめています。METs を参考にして運動を組み合わせてみるとよいでしょう。

表 5-4 各種活動・運動の METs

METs	運動強度	日常活動	身体運動
1.0	非常に軽い	乗物での通勤・通学（座る），テレビの視聴	
2.0		授業（座る），デスクワーク，料理，洗濯，シャワー	ストレッチ，ヨガ
3.0	軽い	ペットの散歩，部屋の掃除	歩行（ゆっくり），自転車エルゴメータ（50 W），ボウリング
4.0		一般的な家事，乗物での通勤・通学（立つ）	歩行（普通），卓球，バドミントン，アーチェリー
5.0	普通	子どもと遊ぶ（キャッチボールなど）	歩行（速い），テニス（軽い），自転車エルゴメータ（100 W）
6.0		階段の昇降	ジョギング（ゆっくり）
7.0	強い		ジョギング（速い），テニス，サッカー，自転車エルゴメータ（150 W）
8.0			ランニング（時速 8 km），腕立て伏せ，腹筋，水泳（軽いクロール），スカッシュ，ハンドボール

5. 呼吸をみれば運動中のエネルギーに何が使われているかがわかる

　人間は呼吸によって酸素をからだに取り込み，この酸素を利用して糖質や脂質を分解しています。この2つの栄養素にタンパク質を加えたものを三大栄養素と呼びます。普段（安静時）はだいたい糖質と脂質を半分ずつ利用しながら生命活動を維持しています。しかし，運動を開始するとその割合が変化してきます。

　強度の低い運動を行っているときのエネルギーは，脂質が中心となり，強度の高い運動を行っているときのエネルギーは，糖質が中心となってきます。つまり，強度の低い有酸素性運動を行っているときは，主に脂質をエネルギーとして利用し，強度の高い無酸素性運動を行っているときは，主に糖質をエネルギーとして利用していることになります。ウォーキングやジョギングなどの有酸素性運動が脂肪燃焼に効果的なのは，このためです。

　安静時や運動時は主に糖質と脂質を利用してエネルギーが産生されています。三大栄養素（糖質，脂質，タンパク質）はエネルギー基質ですが，タンパク質は飢餓状態など緊急性を要する際に利用されることはあるものの，通常利用されることはほとんどありません。安静時や運動時の糖質と脂質の利用の割合は，呼吸から知ることができます。その割合は呼吸商といわれています。呼吸商は，呼気に含まれる二酸化炭素（CO_2）の量を吸気に含まれる酸素（O_2）の量で割ることにより算出されます。

　安静時において脂質のみが燃焼された場合の呼吸商は0.7，糖質のみが利用された場合の呼吸商は1となります。したがって，呼吸商は0.7～1となります。成人では安静時において1分間に250 mLの酸素を取り込み，200 mLの二酸化炭素を排出していることを前述しました。したがって，安静時の呼吸商は0.8（= 200 ÷ 250）となります。

　運動時はその強度により糖質と脂質の利用の割合が大きく変化します。低い強度の運動では脂質が主なエネルギー源になるため，呼吸商は0.7に近い値を示します。一方，高い強度の運動では糖質が主なエネルギー源になりますが，糖質を分解する過程で乳酸が産生されるとともに，水素イオンの増加に伴い体内のpHが低下します。そのため，二酸化炭素の排出量が著しく増加することによって，二酸化炭素量が酸素量を上回り，呼吸商は1以上の値を示します（図

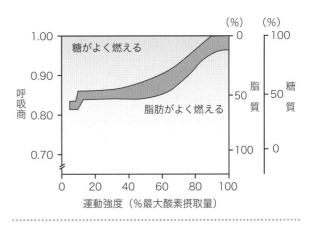

図5-14　運動強度と呼吸商の関係
強度の低い運動では脂質が，強度の高い運動では糖質が多く利用されている。

5-14）。

なお現在では，安静時の糖質と脂質利用の割合を呼吸商，運動時の糖質と脂質利用の割合を呼吸交換比として用いています。

6. 運動中の換気量はある地点から急激に増加する

運動を開始して強度を上げていくと，酸素摂取量は直線的に増加します（図5-13）。一方，換気量はある地点を境にして急激に増加します。前項で説明したとおり，運動時のエネルギーは脂質と糖質ですが，有酸素性運動では脂質が，無酸素性運動では糖質が主に利用されます。つまり，低強度の有酸素性運動から徐々に強度を上げていくと，利用されるエネルギーが脂質から糖質にシフトします。この時点を無酸素性閾値（anaerobic threshold：AT）といいます。このとき，換気量が急激に増加するのです。つまり，換気量の変化から無酸素性閾値を測定することができます。換気量が急激に増加する屈曲点を換気性閾値（ventilatory threshold：VT）といいます。無酸素性閾値を迎えると，運動中のエネルギーは糖質が大きな割合を占めるようになります。したがって，排出される二酸化炭素も換気量と同様に急激に増加します（図5-15）。

運動中のエネルギーが脂質から糖質へシフトすると，血液中に乳酸が蓄積されます。乳酸は糖を分解する過程で生成される代謝産物です。したがって，糖質がエネルギーとして利用される無酸素性運動時にはたくさんの乳酸が生成されま

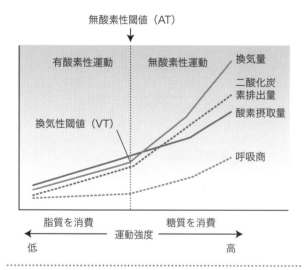

図 5-15　運動強度と換気量の関係
無酸素性閾値を迎えると運動中のエネルギーは糖質が大きな割合を占め，排出される二酸化炭素も換気量と同様に急激に増加する。

図 5-16　乳酸の測定風景

す。一昔前は，乳酸は疲労物質と考えられていましたが，現在では乳酸は単なる疲労物質ではないとの報告もあります。特に有酸素性運動においてはエネルギー源になります。現在では，乳酸の測定は簡易にできるようになりました（図5-16）。

安静時や強度の低い運動時には，乳酸はほとんど蓄積されません。それは，乳酸がエネルギーとして筋肉に取り込まれ，利用されているからです。しかし，運動開始から徐々に運動強度を上げていくと，乳酸の蓄積が急激に増加します。乳酸が急激に増加する屈曲点を乳酸性閾値（lactate threshold：LT）といいます。2〜3 mmolで上昇しはじめ，4 mmol付近で急激に増加します（図5-17）。有酸素性運動においては，エネルギーとして利用された乳酸も，強度の増加に伴い利用される量に限界が生じます。特に運動強度の高い無酸素性運動においては，エネルギーとして利用されることはほとんどなくなり，筋肉に蓄積されていきます。

乳酸性閾値は有酸素性能力の指標としても用いられます。有酸素性能力に優れたアスリートは，乳酸性閾値が出現するためには一般人に比べてより高い強度の運動が必要になります。また，有酸素性トレーニングによって乳酸性閾値が高い強度に向上した場合，有酸素性能力が向上したといえます。つまり，これまでよりも高い強度で運動を行っても，乳酸をエネルギーとして利用する能力が高くなったと考えられます（図5-18）。

前述したように，乳酸は4 mmol付近を境にして急激に増加しますが，その時点を血中乳酸蓄積開始点（onset of blood lactate accumulation：OBLA）といいます（図

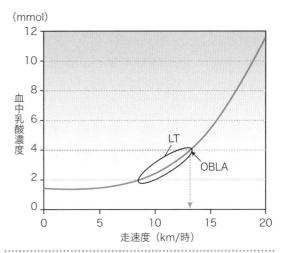

図5-17 運動強度と乳酸の関係
運動開始から運動強度を上げていくと，乳酸の蓄積が2〜4 mmol付近で急激に増加する。この屈曲点を乳酸性閾値（LT）という。OBLA：血中乳酸蓄積開始点。

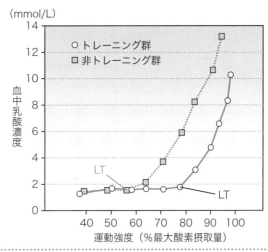

図5-18 トレーニングによる乳酸性閾値の変化
有酸素性トレーニングによって乳酸性閾値（LT）は向上する。これは，有酸素性能力が向上した結果である。

5-17)。OBLA でのトレーニングを行うと，血中乳酸濃度が 4 mmol に達する時点の酸素摂取量や運動強度が増加します。このように，OBLA でのトレーニングは乳酸が蓄積しにくくなったり，乳酸が蓄積してもそれをエネルギーに変換する能力が高まったりします。

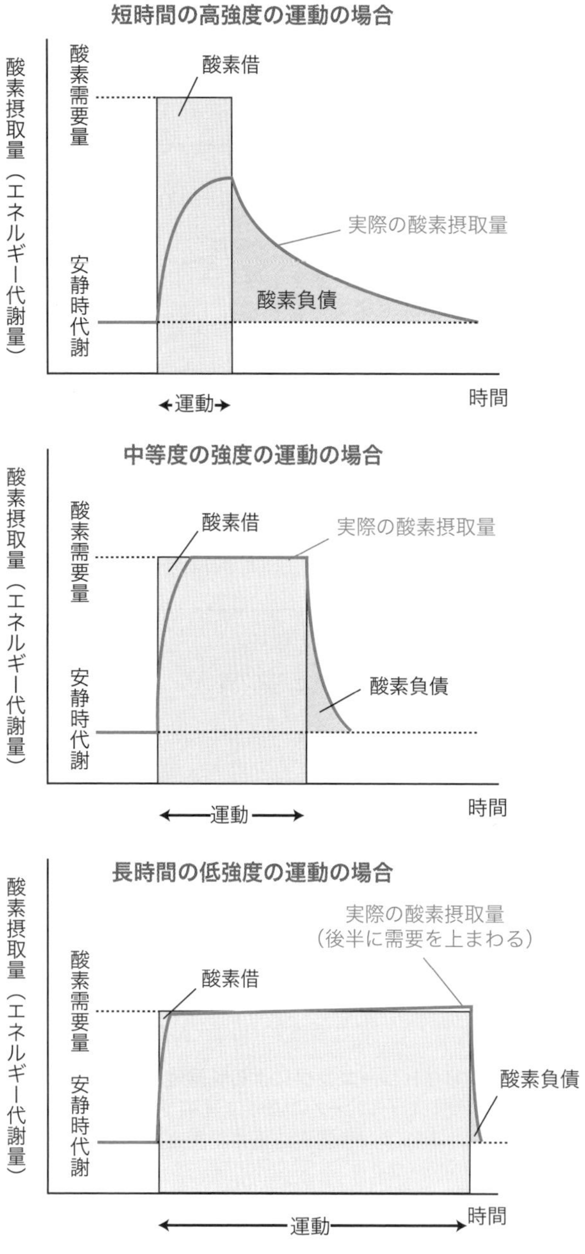

7. 激しい運動時は酸素を借りている

運動を開始すると酸素摂取量は増加し，定常状態に達します。しかし，定常状態に達するまでは一定の時間を必要とします。定常状態に達するまでのエネルギーはATP–PCr 系と解糖系によって行われています（第 2 章参照）。このように，運動強度の高い低いにかかわらず，運動開始直後に利用された無酸素性エネルギーのことを酸素借（さんそしゃく）といいます。つまり，必要なエネルギーを無酸素性エネルギーから借りているということです。特に強度の高い運動では酸素借が大きくなります。

一方，酸素摂取量は運動を終了すると低下しますが，安静時の酸素摂取量にもどるまで一定の時間を必要とします。これを酸素負債（さんそふさい）といいます。酸素負債は運動開始時に借りていた無酸素性エネルギーを運動後に返済し，安静時までの回復を図るために必要な酸素の取り込みです。酸素負債も酸素借と同様に強度の高い運動で大きくなります。

軽い運動での運動後の呼吸は非常に軽いものですが，激しい運動での運動後の呼吸は大変荒くなります。ジョギングなどの軽い運動であれば運動終了後の呼吸は運動時とほとんど変わりません。しかし，100 m全力疾走などの激しい運動であれば，運動終了後の呼吸は大変荒いものになります。

図 5-19　運動強度と酸素借，酸素負債
運動強度が高くなると酸素借が大きくなります。また，運動強度が高くなると酸素負債の持続時間も長くなり，回復するまでの時間が必要になります。

このように，運動の強度が異なれば運動終了後の呼吸も異なります（**図 5-19**）。酸素負債は酸素借と対照的に有酸素性エネルギーによって行われます。以前は酸素借と酸素負債はほぼ同じ量（酸素借＝酸素負債）と考えられていました。しかし，最近の研究によって酸素借は酸素負債より小さい（酸素借＜酸素負債）ことがわかりました。

　なお，酸素負債は運動後過剰酸素消費（excess postexercise oxygen consumption：EPOC）とも呼ばれています。

確認問題

＊解答は p.188

次の文章のかっこにあてまはる言葉を答えてください。

1. ガス交換によって受け渡された酸素は，動脈を通って（ ① ）や内臓に送られます。ガス交換は血液中の赤血球に含まれる（ ② ）という物質の働きで行われます。組織や細胞内での酸素と二酸化炭素の受け渡しは（ ③ ），肺での酸素と二酸化炭素の受け渡しは（ ④ ）と呼ばれています。

2. 酸素が（ ① ）と結合している割合と酸素分圧の関係を，酸素（ ② ）曲線で表わすことができます。また，運動による体温の（ ③ ）や乳酸の蓄積量の増加によって，酸素（ ② ）曲線は（ ④ ）へ移動します。この移動は（ ⑤ ）効果と呼ばれ，運動中は酸素が必要な組織（活動筋など）に対してより酸素を（ ⑥ ）しやすい環境に変化します。

3. 運動を開始すると，（ ① ）の活動量が増えるため，（ ② ）数とともに酸素を取り込む量も増えます。1分間に体内に取り込むことができる酸素の指標を，酸素摂取量といいます。また，疲労困憊まで（ ③ ）運動を続けたときの酸素摂取量の最大値を（ ④ ）といいます。運動トレーニングによって（ ④ ）を増加させるには，運動の（ ⑤ ），（ ⑥ ），（ ⑦ ），期間が重要です。

4. 強度の低い運動を行っているときのエネルギーは（ ① ）が中心となり，強度の高い運動を行っているときのエネルギーは（ ② ）が中心となります。低強度の有酸素性運動から徐々に強度を上げていくと，（ ③ ）や（ ④ ）が急激に増加するポイントが出現します。この時点を（ ⑤ ）といいます。

第6章

循環器系とスポーツ

　呼吸により取り込まれた酸素は，心臓からそれぞれの臓器（脳，内臓，筋肉など）に送られます。

　運動中に心拍数が増加することはよく知られていますが，その反応はより多くの酸素を末梢（心臓からより遠く）へ送り届けるための反応です。また，運動中の酸素の配分は，よく利用されているところ（筋肉）に優先的に分配されます。

　この章では，酸素を運搬する"循環"について理解を深めるため，循環器系の構造や働き，運動トレーニングによる酸素運搬能力の変化や適応などについて解説します。

I. 心臓と血管の構造

1. 心臓には4つの部屋がある

　第3章で学んだように，心臓はからだを構成する骨格筋と同じ構造をしています。しかし，自分の意志で動かすことができない不随意筋に分類されます。心臓には右心房，右心室，左心房，左心室の4つの部屋があります（図6-1）。この4つの部屋の働きによって全身の循環は調節されています。右心房と右心室は三尖弁によって分けられており，左心房と左心室は僧帽弁によって分けられています。これらの弁は血液の逆流を防いでいます。また，右心房と左心房は心房中隔という壁で分けられており，右心室と左心室は心室中隔という壁で分けられています。心房は心室へ血液を送り込むためのポンプの役割をしています。一方，心室は肺や全身へ血液を送り出すポンプの働きをしています。心室の壁は心房に比べて厚く，よく発達しています。特に左心室は全身に血液を送らなくてはならないため，筋肉は最も発達していて厚くなっています。後で述べるスポーツ心臓（図6-17）は，この左心室の筋肉が発達した状態を指します。

　心臓は左胸にあると考えがちですが，若干左に寄っているものの，ほぼ胸の中央にあります。左胸に鼓動を感じるのは全身に血液を送り出す左心室の強い収縮力によるものです。一般的に，心臓の大きさは女性よりも男性のほうが大きく，だいたいその人の握りこぶしぐらいだといわれています。重さは成人で250〜300g程度あり，グレープフルーツ1個分に相当します。心臓は外側からみると下がややとがった丸い形をしています。内側は左右それぞれ心房，心室に分かれていて，いわゆるハートの形をしています。

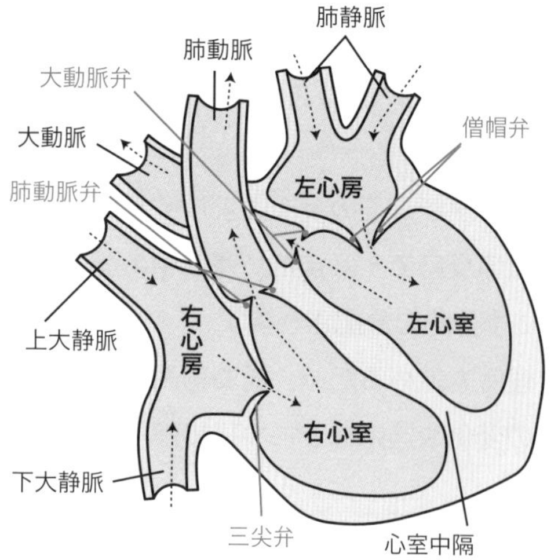

2. 血管は動脈・静脈・毛細血管に分けられる

　ヒトのからだには動脈，静脈および毛細血管といわれる3種類の血管があります。動脈，静脈および毛細血管それぞれを足すと約10万kmもの長さがあります（地球を2周半する長さ）。血管全体（動脈，静脈および毛細血管）を100％とすると，そのうちの95％が毛細血管です。からだの表面にみえる青い血管は静脈で，動脈は表面からみえません。

　動脈と静脈は外膜・中膜・内膜の3層からできています。外膜は最も外側の層で，線維性の膜で血管

図6-1　心臓の構造
心臓は右心房，右心室，左心房，左心室の4つからなっている。 ┅▶ は血液の流れを示す。

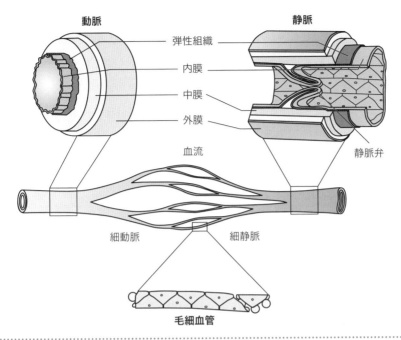

図 6-2　動脈，静脈，毛細血管の構造
動脈と静脈は外膜・中膜・内膜の 3 層からできている。

を保護する役割があります。主に結合組織でできています。中膜は血管の収縮・
弛緩を調節する筋肉（平滑筋）と弾力性のある線維でできており，動脈と静脈
では厚さが異なります。そして，内膜はすきまなく 1 層に並ぶ内皮細胞の層と，
その外の内弾性膜と結合組織の層でできています（**図 6-2**）。血管の内面はとて
もなめらかで，血液はスムースに流れます。近年では，内膜には動脈の伸展性（や
わらかさ）を維持するさまざまな役割があることが明らかにされています。

　動脈は，心臓から送り出された血液を全身に運ぶ血管です。動脈には全身の細
胞に酸素や栄養分を運ぶ役割があります。最も太い大動脈は左心室から伸びてお
り，直径は 2.5 cm 程度もあります。動脈は大動脈から上肢（腕）や下肢（脚）
の動脈へと枝分かれし，最も小さい細動脈へ続きます。細動脈の直径はわずか0.3
〜 0.01 mm 程度です。動脈の壁は中膜の平滑筋が厚く，弾力性に富んでいます。
そのため，心臓から勢いよく送り出された血液の衝撃を受け止めることができま
す。

　静脈は，動脈によって全身に運ばれた血液を心臓にもどす血管です。静脈に
は二酸化炭素や老廃物などを回収する役割があります。最も太い大静脈には
上大静脈と下大静脈の 2 つがあり，ともに右心房に合流します。直径は 3 cm
程度です。静脈は上・下大静脈から上肢や下肢の静脈へと枝分かれし，最も小さ

い細静脈へ続きます。細静脈の直径はわずか 0.5 〜 0.01 mm 程度です。静脈は動脈のように勢いよく血液が流れていません。そのため，血液の逆流を防止する静脈弁がついています。静脈の壁は動脈に比べて薄く，弾力性も動脈より劣ります。

　毛細血管は，動脈と静脈から無数に枝分かれした網目状の血管で，内径の平均は 0.005 mm 程度です。動脈や静脈と異なり，毛細血管は内膜の 1 層のみによってできています。そのため，弾力性を調節する平滑筋はありません。

II. 心臓と血管の働き

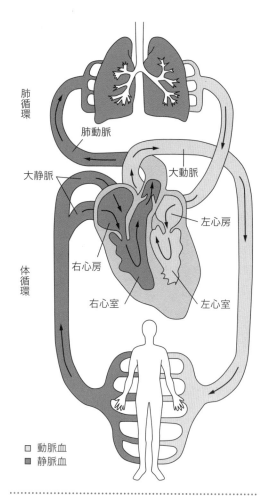

肺循環

肺動脈

大静脈

大動脈

左心房

右心房

右心室

左心室

体循環

□ 動脈血
■ 静脈血

図 6-3　肺（小）循環と体（大）循環
右心房にもどってきた血液が肺を通り，左心室に送られるまでを肺（小）循環，左心室から送り出された血液が全身を通り，右心房に送られるまでを体（大）循環という。

1. 血液は心臓から送り出される

　心臓は血液を全身に送り出すために収縮，拡張を周期的に繰り返す筋肉です。いわばポンプの役割を果たしています。1 回の収縮・拡張（周期）を心周期（しんしゅうき）といいます。前述したとおり，心臓には 4 つの部屋があり，右心房と右心室は肺に血液を送る役目をにない，左心房と左心室は全身に血液を送る役目をにないます。

　全身を駆けめぐった血液は，上・下大静脈を通って右心房にもどります。右心房に蓄（たくわ）えられた血液は右心室に送られ，肺動脈を通って肺に送られます。肺には第 5 章で学んだように，呼吸により酸素が取り込まれています。その酸素を肺で受け取り，肺静脈を通って左心房に送られます。

　動脈は酸素を含む血液を，静脈は酸素を含まない血液を運搬するのが役割ですが，肺動脈と肺静脈はその役割が反対に，つまり，肺動脈は酸素を含まない血液を，肺静脈は酸素を含む血液を運搬しています。

　左心房に蓄えられた血液は左心室に送られ，大動脈を通って全身に送られます。血液の循環はこの繰り返しです。右心房にもどってきた血液が肺を通り，左心室に送られるまでを肺（はい）（小（しょう）） 循環（じゅんかん）といいます。一方，左心室から送り出された血液が

全身を通り，右心房に送られるまでを体（大）循環といいます（図 6-3）。肺循環に要する時間は約 3 〜 4 秒，体循環に要する時間は 20 〜 60 秒程度です。

　心臓が血液を送り出すために繰り返す収縮と弛緩のことを拍動といい，その拍動の回数を数えたものを心拍数といいます。心拍数は成人で 1 分間に 60 〜 80 回程度です。つまり，1 分間に 60 〜 80 回心臓が拍動を繰り返しているということで，1 日では 8.6 〜 11.5 万回も動いていることになります。1 分間の脈拍（拍動）が 60 拍未満の場合は徐脈，100 拍を超える場合は頻脈といいます。安静時の 1 分間の心拍数は男性よりも女性のほうが 3 〜 5 拍高いことが知られています。心拍数は加齢に伴い低下することが知られています。年齢に対する一般的な心拍数の上限（最大心拍数）は以下の計算式で表わされます。

$$最大心拍数 = 220-年齢$$

　1 回の拍動で送り出される血液を 1 回拍出量といい，60 〜 70 mL の血液が送り出されます。1 回拍出量は女性よりも男性のほうが多い傾向にあります。また，1 分間に心臓から送り出される血液量を心拍出量といい，およそ 4 〜 5 L になります。心拍出量は以下の計算式で表わされます。

$$心拍出量（L/分）= 心拍数（拍/分）× 1 回拍出量（mL）$$

　しかし，実際は 1 回拍出量が多い人は心拍数が低く，1 回拍出量が少ない人は心拍数が多くなります。一般的には安静時の心拍出量は，4 〜 5 L 程度です。これを 1 日で計算すると 5,760 〜 7,200 L になり，心臓は 1 日に大量の血液を送り出していることがわかります。

　1 回拍出量は主に心収縮力，前負荷，後負荷の 3 つの要素から決定されています（図 6-4）。心収縮力は心臓が収縮する力です。元気な心臓は強い力で収縮し，勢いよく血液を送り出すことができます。

　前負荷は心臓が収縮する前にかかる負荷で，心臓から送り出された血液が静脈を通って心臓にもどってくる量によって決まります。これを静脈還流量といいます。静脈還流量が減ってくると，下肢に血液が滞留します。いわゆる"むくみ"の原因になるものです。静脈は動脈ほど血液を送り出す力はありません。したがって，静脈還流量を増やすには下肢を中心とした筋肉

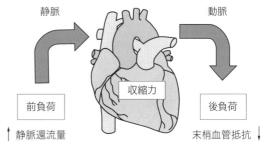

図 6-4　1 回拍出量を規定する因子
1 回拍出量は主に心収縮力，前負荷，後負荷の 3 つの要素から決定される。

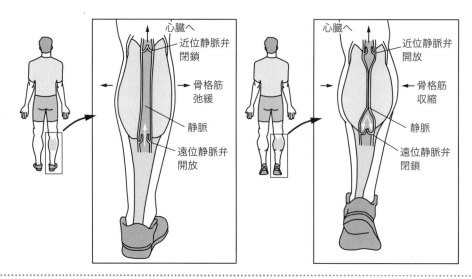

図6-5 筋ポンプ作用
下肢の筋肉の働き，筋ポンプ作用が働かず，静脈還流量が減ると，下肢に血液が滞留し，いわゆる"むくみ"の原因になる。

の働きが必要になります。これを筋ポンプ作用（図6-5）といいます。静脈還流量が増加すると心筋の壁が伸張され，1回拍出量が増えます。これをスターリングの法則といいます。

後負荷は，心臓から血液を送り出す際にかかる抵抗です。これを末梢血管抵抗といいます。血管の幅が狭かったり，血管が硬かったりすると血管抵抗が増加します。後負荷を減らすためには動脈の直径とやわらかさを保つことが必要です。

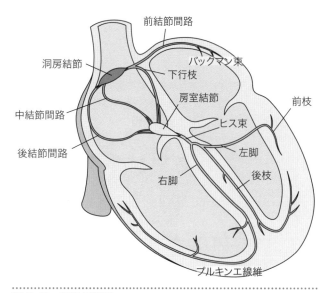

図6-6 刺激伝導系
心臓は，刺激伝導系を通った電気信号によって拍動している。

2. 心臓は電気刺激によって動いている

心臓は自分の意志で動かすことができない臓器ですが，絶え間なく動いています。心臓は電気信号によって拍動しています。この電気信号を伝える経路を刺激伝導系といいます（図6-6）。心臓を拍動させる電気の源は，右心房にある洞房結節です。この洞房結節は，一定の間隔を保ったリズミカルな電気信号を生み出します。洞房結節で発生した電気信号は心房内を放射状に広がり，房室結節に集まります。房室結節

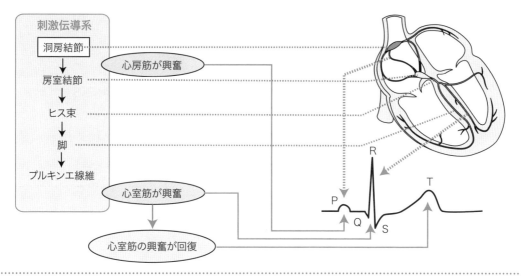

図6-7 心電図
刺激伝導系の働きを波形に表わしたものが心電図であり，P波，Q波，R波，S波，T波などがある。

に集まった電気信号はヒス束，左右の脚，そして左右のプルキンエ線維に伝わり心室を収縮させます。このとき，右心室からは肺へ，左心室からは全身へ血液が送られます。

　この刺激伝導系の働きを波形に表わしたものが心電図です。洞房結節から発生した電気信号が，心房内を伝わって心房が収縮します。このときに現われる波形をP波といいます。次に信号が房室結節からヒス束，左右の脚，左右のプルキンエ線維に伝わり心室が収縮します。このときに現われる波がQRS波です。最初に現われる下向きの波がQ波，次に現われる上向きの大きい波がR波，そして，その後に現われる下向きの波がS波です（図6-7）。

　前述したように，このとき右心室からは肺へ，左心室からは全身へ血液が送られます。右心室と左心室が収縮すると，次の準備のためにそれぞれが拡張します。このときに現われる波がT波です。心房も心室と同様に次の準備のために拡張しますが，そのときに発生する波はQRS波によってみえなくなっています。したがって，P波が心房の収縮を，QRST波が心室の収縮を表わしています。

3. 血圧は動脈に加わる圧力である

　心臓は，収縮して心臓内の血液を動脈に押し出し，拡張して静脈から血液を受け入れています。心臓が収縮して血液を押し出すときに血管の壁に加わる圧力を収縮期（最高）血圧といいます。一方，心臓が拡張して血液を受け入れるときに血管の壁に加わる圧力を拡張期（最低）血圧といいます（図6-8）。このよう

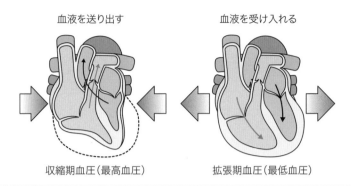

血液を送り出す　　　　　　血液を受け入れる

収縮期血圧（最高血圧）　　　拡張期血圧（最低血圧）

図6-8　血圧
心臓が収縮して血液を押し出すときに血管の壁に加わる圧力を収縮期（最高）血圧，心臓
が拡張して血液を受け入れるときに血管の壁に加わる圧力を拡張期（最低）血圧という。

に，心臓の収縮と拡張によって，全身に血液が送られます。収縮期血圧が140
mmHg 以上，拡張期血圧が90 mmHg 以上で高血圧と判定されます。

　収縮期血圧と拡張期血圧の差を脈圧といいます。また，平均して動脈に加わる
圧力を平均血圧といいます。平均血圧は，収縮期血圧と拡張期血圧から求めるこ
とができ，90 未満が望ましいとされています。

$$平均血圧 ＝ （収縮期血圧 － 拡張期血圧） ÷ 3 ＋ 拡張期血圧$$

　血圧は 1 日のうちでも変動します。たとえば，起きているときは寝ていると
きよりも血圧は高めです。また，運動中も血圧が変動します。特に筋力トレーニ
ングなどで重い負荷を持ち上げるときなどには，血圧が 200 mmHg を超えるこ
ともあります。急に立ち上がったり，長時間立ち続けていたりすると血圧が下が
り，立ちくらみやめまいなどを引き起こすことがあります。これを起立性低血圧
といいます。

III. 心臓と運動トレーニング

1. 運動を開始すると心拍数と 1 回拍出量は増加する

　運動を開始すると心拍数は増加します。心拍数は交感神経の働きによって増加
し，副交感神経の働きによって減少します。交感神経は興奮を，副交感神経は鎮
静をつかさどる神経です。交感神経と副交感神経は，自律神経にまとめることが
できます。つまり，運動を開始すると交感神経の活動が活性化して心拍数が増加
します。対照的に，運動を終了すると副交感神経の活動が活性化して心拍数が減
少し，安静時にもどります。

運動中の心拍数は運動強度の増加に伴って直線的に増加します。運動時の心拍数は年齢によって異なりますが，1 分間に 200 拍程度まで増加します。運動時の心拍数は最大酸素摂取量の約 50％よりも低い強度であれば副交感神経の活動が低下するため心拍数が増加します。一方，最大酸素摂取量の約 50％よりも高い強度であれば交感神経の活動が亢進するため増加します。

運動を開始すると 1 回拍出量も心拍数と同様に増加します。しかし，その変化は，心拍数のように運動強度の増加に伴って直線的に増加するわけではありません。1 回拍出量は

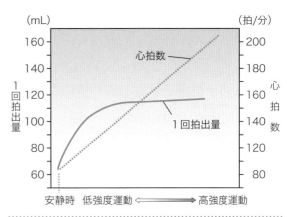

図 6-9　運動強度と心拍数，1 回拍出量の関係
運動を開始すると 1 回拍出量，心拍数とも増加するが，心拍数が運動強度の増加に伴って直線的に増加するのに対し，1 回拍出量は最大酸素摂取量の 50 〜 60％程度までは増加するが，その後は一定の値を保つ。

運動の開始とともに勢いよく増加し，最大酸素摂取量の 50 〜 60％程度まで続きます。しかし，その後は 1 回拍出量は増加することなく一定の値を保ちます（図 6-9）。運動時の最大 1 回拍出量は年齢によって異なりますが，最大で 120 mL 程度まで増加します。

運動を開始すると，1 回拍出量と心拍数が増加するため心拍出量は増加します。心拍出量は，心拍数と同様に運動強度に比例しながら増加します。低強度および中強度程度の運動時には，心拍数と 1 回拍出量の増加によって心拍出量が増加します。しかし，さらに運動強度が増加すると 1 回拍出量の増加が頭打ちとなり，それ以降の心拍出量の増加は心拍数の増加に依存しています。

2．運動を開始すると血圧は増加する

運動を開始すると血圧は増加します。しかし，その増加は有酸素性運動と無酸素性運動で異なります。また，収縮期血圧と拡張期血圧でも異なります。有酸素性運動中の収縮期血圧と平均血圧は，運動を開始すると増加します。対照的に有酸素性運動中の拡張期血圧は，運動を開始してもほとんど変化しません。有酸素性運動の強度を高めると，収縮期血圧

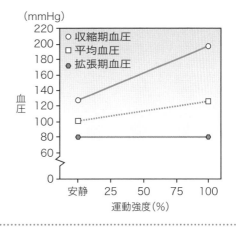

図 6-10　有酸素性運動中の血圧の変化
有酸素性運動中の収縮期血圧は，運動を開始すると増加するが，拡張期血圧は，運動を開始してもほとんど変化しない。運動の強度を高めると，収縮期血圧が直線的に増加するのに対して，拡張期血圧は少し低下する。

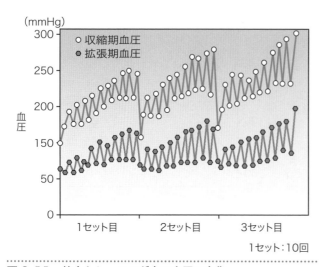

図6-11 筋力トレーニング中の血圧の変化
筋力トレーニング中の血圧は収縮期・拡張期血圧ともに挙上回数の増加に伴い増加する。また，セットを重ねるごとにセット終了時の血圧は高い値を示す。

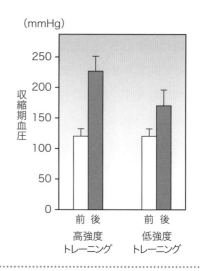

図6-12 高強度および低強度筋力トレーニング前後の収縮期血圧の比較
低強度，高強度とも収縮期血圧は増加しているが，増加の程度は高強度のほうが高い。

と平均血圧は直線的に増加するのに対して，拡張期血圧はほとんど変化しないか，わずかに低下することもあります（**図6-10**）。

　血圧の変化は有酸素性トレーニング後も同じような変化を示します。また，収縮期血圧と平均血圧は有酸素性トレーニングによって低下します（**図6-10**）。この適応は，有酸素性運動トレーニングにより心機能が向上したことを示しています。すなわち，有酸素性運動トレーニング前と比較して，有酸素性運動トレーニング後は同じ強度の運動を行っている際の心臓の負担が軽減されます。

　無酸素性運動（筋力トレーニング）中の収縮期血圧は，運動を開始すると増加します。また，拡張期血圧も収縮期血圧と同様に増加します。**図6-11**は筋力トレーニング中の血圧の変化を示します。筋力トレーニング中の血圧は収縮期血圧および拡張期血圧とも，挙上回数が増えると増加しています。また，血圧の増加は1セット目に比べて2セット目で，2セット目に比べて3セット目で増加の程度が大きくなります。特に高強度の負荷を用いた筋力トレーニングはバルサルバ法（呼吸を止めて行う方法）による血圧の増加が相まって心臓や血管に大きな負担を強いることになります。さらに，収縮期および拡張期血圧の増加は運動強度によって大きく異なります。収縮期血圧を例にあげて強度の違いによる変化をみてみると，低強度および高強度の筋力トレーニング実施後の収縮期血圧はいずれも増加しています。しかし，その増加の程度は低強度筋力トレーニングと比較して高強度の筋力トレーニング後に著しく増加しています（**図6-12**）。

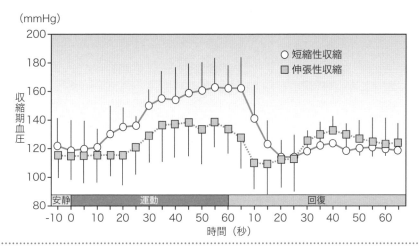

図6-13 筋力トレーニング中の負荷を持ち上げる局面（短縮性収縮）と下ろす局面（伸張性収縮）の収縮期血圧の変化
負荷を下ろす局面（伸張性収縮）よりも負荷を持ち上げる局面（短縮性収縮）で収縮期血圧の増加の程度が大きくなる。負荷を下ろす局面での持ち上げる動作，負荷を持ち上げる局面での負荷を下ろす動作はそれぞれ他動的に行った。

　さらに，血圧の変化は筋力トレーニング中の負荷の上げ下げによっても変化します。筋力トレーニングは負荷を持ち上げる局面（短縮性収縮）と負荷を下ろす局面（伸張性収縮）を繰り返しますが，負荷を下ろす局面よりも負荷を持ち上げる局面で収縮期血圧も増加の程度が大きくなります（図6-13）。

　筋力トレーニング中の血圧は呼吸法によっても変わります。特に，負荷を持ち上げる局面は息を止めると持ち上げやすくなります（バルサルバ法）。しかし，息を止めて行うとさらなる血圧の増加を伴います。また，筋力トレーニング後は血圧が低下します。その低下によってめまいなどが生じることがあります。

3. 心拍数は運動強度を表わす

　前述したとおり，心拍数は運動強度に伴って増加します。つまり，心拍数は運動強度を表わす指標といえます。心拍数は動脈を利用して測定します。心拍数測定に用いられる主な動脈は，手首にある橈骨動脈や首にある頸動脈です。それぞれの動脈に人差し指，中指，薬指の3指を当て，1分間に動脈が打つ数を数えます（図6-14）。10秒間測定して6倍にしたり，15秒間測定して4倍にしたりする方法もあります。このように心拍数は簡単に測定ができ，トレーニング中などにも運

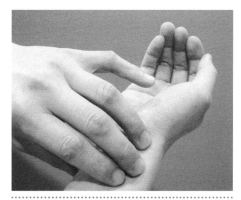

図6-14　心拍数の測定方法
橈骨動脈や頸動脈に人差し指，中指，薬指を当て，動脈が打つ数を数える。

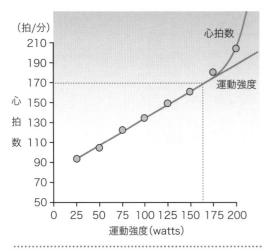

図6-15 心拍数と運度強度の関係
心拍数は，運動強度に比例して増加する。

自覚的運動強度		%最大心拍数	%最大酸素摂取量
19	非常にきつい		
18			
17	かなりきつい		
16		— 92 —	85
15	きつい		
14		—86〜91—	76〜85
13	ややきつい		
12		—61〜85—	51〜75
11	楽である		
10		—52〜66—	31〜50
9	比較的楽である		
8			
7	かなり楽である		
6			

図6-16 心拍数と自覚的運度強度の関係
本人が感じる感覚的な "きつさ" によって，運動強度を推定することができる。

動強度の指標として用いることができます（**図6-15**）。

運動強度は，安静時と運動時の心拍数を用いて推定することができます。それを予備心拍数（heart rate reserve：HRR）や目標心拍数（target heart rate）といいます。この方法は，それぞれの年齢の最大心拍数・安静時心拍数と，行おうとする運動の強度から目標とする心拍数を算出します。予備心拍数は運動時心拍数と最大心拍数と安静時心拍数を用いて算出します。安静時心拍数を0%，最大心拍数を100%に設定して行った（行っている）運動の強度を求める方法です。

予備心拍数＝（運動時心拍数−安静時心拍数）÷｛（220−年齢）−安静時心拍数｝×100

目標心拍数は，最大心拍数と安静時心拍数と目標とする運動強度を掛け合わせることで算出します。

目標心拍数 ＝｛（220−年齢）− 安静時心拍数｝× 運動強度（%）＋ 安静時心拍数

また，運動強度を表わす指標の1つに自覚的（主観的）運動強度（Borg 指数）があります（**図6-16**）。自覚的運動強度は，運動を行っている人が，それぞれの強度によって感じる負担度（本人が感じる感覚的なきつさ）を指標にしたものです。自覚的運動強度は6から20までのスケールに分かれていますが，そのスケールを10倍するとその運動時の心拍数を表わすといわれています。

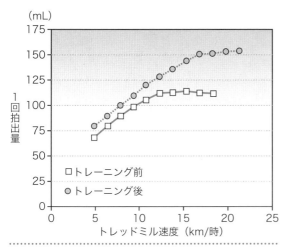

図6-17 有酸素性トレーニング前後の1回拍出量の変化
有酸素性トレーニングをすることによって，同じ強度の運動でも1回拍出量は増加する。

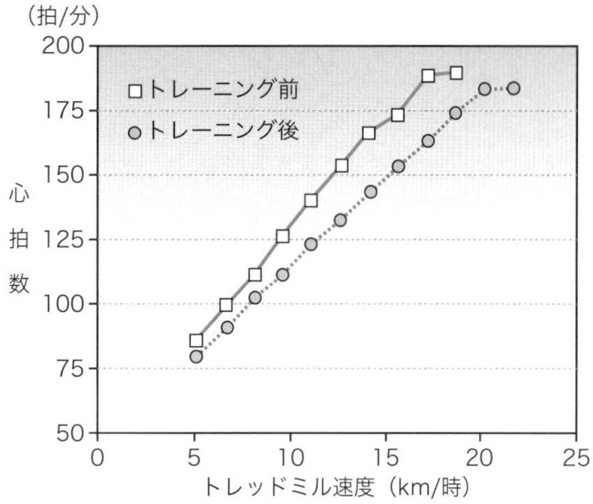

図6-18 有酸素性トレーニング前後の心拍数の変化
有酸素性トレーニングをすることによって，同じ強度の運動でも心拍数は減少する。

4. 有酸素性トレーニングによって心機能は高まる

　陸上長距離選手など，有酸素性トレーニングを専門的に行っている人は，安静時の心拍数が低いことはよく知られています。トップクラスの選手の安静時の心拍数は，1分間に40拍を下まわることもあります。これは有酸素性トレーニングによって1回拍出量が増加したための適応です（**図6-17**）。また，有酸素性トレーニングを行う前と数週間行った後に同じ強度で運動を行うと，トレーニングを行った後の心拍数は低くなります（**図6-18**）。

　安静時や運動中の心拍数が低下し，1回拍出量が増加するのは，有酸素性トレーニングに

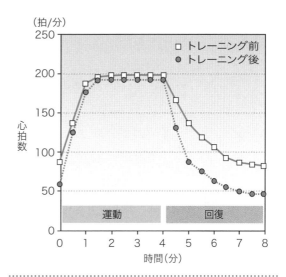

図6-19 有酸素性トレーニング前後の心拍数の回復
有酸素性トレーニングによって心臓の機能が向上すると，運動終了後の心拍数の回復が早まる。

よって心臓の機能が向上したということになります。さらに，心臓の機能の向上は運動終了後の心拍数の回復も早めてくれます（**図6-19**）。

5. スポーツ選手の心臓は大きい

　有酸素性トレーニングや無酸素性トレーニングによって心臓は大きくなります。それを**スポーツ心臓**といいます。有酸素性トレーニングによるスポーツ心臓

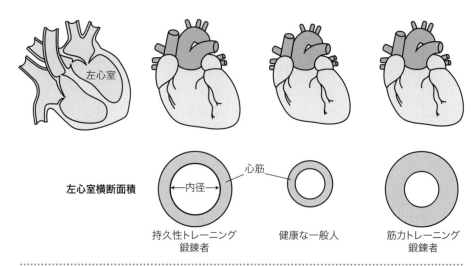

図6-20 有酸素性（持久性）トレーニングおよび無酸素性（筋力）トレーニングとスポーツ心臓
有酸素性（持久性）トレーニングによるスポーツ心臓は，左心室の心筋が肥大するとともに内径が増加する。一方，無酸素性（筋力）トレーニングでは左心室の心筋が肥大するとともに重量が増加する。

は，左心室の心筋が肥大するとともに内径が増加します。一方，無酸素性トレーニングによるスポーツ心臓は，左心室の心筋が肥大するとともに重量が増加します（**図6-20**）。

　有酸素性（持久性）トレーニングによって心臓が大きくなると，最大心拍出量が増え，心筋の収縮力が強くなり，心筋の毛細血管も増加します。また，1回拍出量が増え，1度により多くの血液を送り出すことができるようになり，心拍数が減少します。1回拍出量の増加や心拍数の減少には，静脈還流量も影響します。有酸素性トレーニングによって筋ポンプ作用の働きが高まると，多くの血液が心臓にもどります。多くの血液が心臓にもどると心臓の壁が伸張されて，多くの血液を貯めることができるようになります。心臓の壁の伸張能力が増加すると，多くの血液を送り出そうと心臓の収縮する力も増加します。その結果，1回拍出量が増加すると考えられます。さらに，血管の柔軟性が増加するとともに血液の粘性が低下する（さらさらになる）ので，収縮期血圧が低下します。したがって，心筋の負担が減ることになります。このようなことから，有酸素性トレーニングによるスポーツ心臓は，運動時に多くの血液を送り出すために必要な適応です。一方，無酸素性（筋力）トレーニングによって心臓が大きくなると，1回拍出量は増加しますが，心拍数などはほとんど変化しません。このように，心臓に与える影響は有酸素性トレーニングと無酸素性トレーニングで異なります。

IV. 血管と運動トレーニング

1. 運動強度が増加すると血流量は増加する

　運動を開始すると血流量は増加します。特に運動開始直後は血流量が著しく増加します。これは、筋ポンプ作用による静脈還流量の増加によるものと考えられています。運動時の血流量は運動強度に比例して直線的に増加します（**図6-21**）。

2. 運動中の血流は活動筋に対して優先的に分配される

　骨格筋，内臓，脳などに送られる血流量は，安静時と運動時で異なります。安静時では，肝臓，腎臓，胃腸などの内臓に心拍出量の50%程度の血流が，骨格筋には20%程度，脳には15%程度の血流が送られています（**図6-22**）。

　運動を開始すると骨格筋の活動が活発になります。それに伴い心拍出量が増加しますが，運動時では，活動している骨格筋に対して優先的に血流が送られます。安静時では20%程度であった血流は，運動を開始すると90%近くにまで増加します。対照的に，内臓や脳などの臓器に対する血流はわずか数パーセントに減少します（**表6-1**）。

　このように，血流は活発に活動する臓器に対して血液が集まるように調節されています。これらの調節は，あたかもそれぞれの臓器の蛇口を締めるかのように

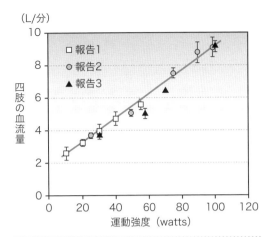

図6-21　運動強度と血流量の関係
運動時の血流量は運動強度に比例して直線的に増加する。

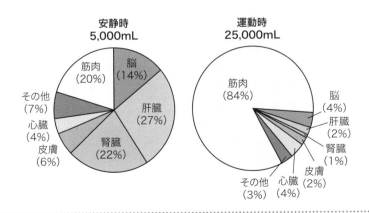

図6-22　安静時と運動時の血流の割合
安静時には，内臓に心拍出量の50%程度，骨格筋に20%程度，脳に15%程度の血流が送られている。運動時には，骨格筋に優先的に血流が送られる。

表6-1 安静時と運動時の血流の配分の違い

部 位	安静時	運動時
脳	700 mL (14%)	900 mL (4%)
肝 臓	1,350 mL (27%)	500 mL (2%)
腎 臓	1,100 mL (22%)	250 mL (1%)
皮 膚	300 mL (6%)	600 mL (2%)
心 臓	200 mL (4%)	1,000 mL (4%)
筋 肉	1,000 mL (20%)	21,000 mL (84%)
その他	350 mL (7%)	780 mL (3%)
合 計	5,000 mL (100%)	25,030 mL (100%)

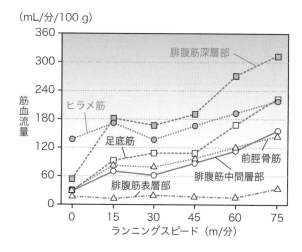

図6-23 運動強度（ランニングスピード）と筋血流量
低強度の（スピードが遅い）運動では，優先的に遅筋線維（青字）に血液が供給され，スピードが速くなるに従って中間筋の血流が増加し，さらにスピードが速くなると速筋線維（黒字）の血流が増加する。

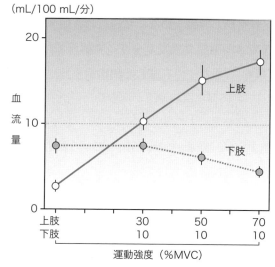

図6-24 上肢と下肢の運動による血流の変化
低強度の下肢の運動を行っているところに低強度の上肢の運動を加えても血流量に変化はみられないが，低強度の下肢の運動を行っているところに強度の高い上肢の運動を加えると下肢の血流量が減少する。

行われています。運動中に血流量を制限された臓器は送られてきた血液からの酸素の抜き取り率を高めて対応しています。

血流の調節は，運動強度によっても異なります。運動中の血流量は低強度の運動では優先的に遅筋線維に血液が供給され，運動が激しくなるにつれて中間筋の血流が増加します。さらに高強度の運動になると速筋線維の血流が増加します（図6-23）。

また，運動時の血流は，上肢の運動と下肢の運動で異なります。低強度の下肢の運動を行っているところに低強度の上肢の運動を加えても，血流は変化しませ

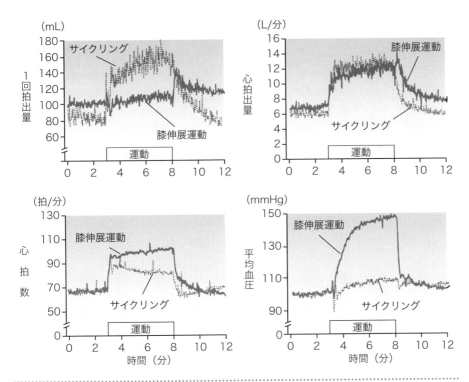

図 6-25 複合関節運動（サイクリング）と単関節運動（膝伸展運動）の循環調節
心拍出量は複合関節運動と単関節運動でほぼ同じ値を示すが，1 回拍出量は複合関節運動
で著しく増加し，心拍数は単関節運動で著しく増加する。

　ん。しかし，低強度の下肢の運動を行っているところに強度の高い上肢の運動を
加えると，下肢の血流が減少します（**図 6-24**）。この変化は，あたかも下肢の
血流が上肢に吸い取られたかのような現象といえます。このように，血流は強度
の高い運動をしている部位に優先的に送られることがわかります。
　運動時の循環調節は，運動様式によって異なります。サイクリングのようない
くつかの関節の動きを伴う複合関節運動と，膝伸展運動のような 1 つの関節の
動きによる単関節運動で，心拍出量はほとんど同じ値を示します。しかし，1 回
拍出量は複合関節運動で著しく増加し，対照的に，心拍数は単関節運動で著しく
増加します。このように，多くの骨格筋が運動に参加する複合関節運動では，1
回に送り出す血液量を多くして心拍出量を維持しています。一方，限られた骨格
筋が運動に参加する単関節運動では，心臓の収縮する回数を高めて心拍出量を維
持しています。さらに，複合関節運動では，平均血圧がほとんど変化しないのに
対して，単関節運動では著しく増加します。したがって，単関節運動は運動に参
加する骨格筋が少ないにもかかわらず，心臓に対する負担は高いといえます（**図
6-25**）。

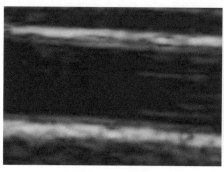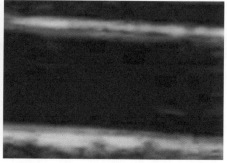

トレーニング前　　　　　　　　　　　　　　　　　トレーニング後

図6-26　3ヵ月の有酸素性トレーニングによる動脈の変化
有酸素性トレーニングや無酸素性トレーニングを実施することによって血管が太くなる。

3. スポーツ選手の血管は太い

　運動やトレーニングでは多くの骨格筋を使用するため，骨格筋に多くの血液を送り込まなければなりません。したがって，有酸素性トレーニングや無酸素性トレーニングを実施することによって血管が太くなります（**図6-26**）。この運動トレーニングによる血管の変化は，比較的短い期間で起こります。

　動脈が太くなると1回拍出量が増加します。したがって，心拍数が変わらなければ心拍出量が増加します。このように動脈が太くなると，活動している筋に対してより多くの血液を送り届けることができるようになります。多くの血液が活動している筋に送り届けられると，それを心臓にもどすため静脈還流量も増加します。

　有酸素性トレーニングによってより多くの酸素を取り込むことができるようになると，それを活動している筋に送り届けなければなりません。そのため，有酸素性トレーニングを実施することによって，毛細血管が増えることになります。毛細血管の数が増えると，酸素と二酸化炭素の受け渡しを行う場所が多くなります。有酸素性トレーニングによって，骨格筋量が増えることはありませんから，酸素と二酸化炭素の受け渡し場所が増えます。その結果，より長い時間の運動を行うことが可能になります。一方，筋力トレーニングのような無酸素性トレーニングを実施することによっても，毛細血管の数は多くなります。しかし，無酸素性トレーニングを実施することで，骨格筋量が増えます。骨格筋量が増えるとそれだけ多くの血液を骨格筋に送り届けなければなりません。したがって，有酸素性トレーニングとは異なる変化がみられます。

4. 有酸素性運動トレーニングは動脈伸展性を増加させる

　以前は動脈や静脈は単なる血液の輸送路と考えられていましたが，いまではさまざまな役割をもつことがわかっています。なかでも動脈は，心臓から送り出された血液を受け止めるクッションの役割を果たしています。したがって，動脈のやわらかさを保つことが重要になります。動脈のやわらかさを保つためには，ジョギングやサイクリングなどの有酸素性の運動やトレーニングが適しています。有酸素性運動やトレーニングを行うと動脈の硬さがほぐれ，伸展性が増してきます。特に中高齢者において，日頃から有酸素性運動を行っている人の動脈伸展性は明らかに高くなっています（図6-27）。また，陸上競技の長距離選手は，投てき選手や一般人と比較して動脈伸展性が高く，日頃の有酸素性トレーニングによって動脈がやわらかくなっていることがわかります（図6-28）。有酸素性運動を行うと全身の血流量が増加します。血流量の増加は動脈への摩擦力（ずり応力）を高め，動脈の壁（内皮）から血管をやわらかくする一酸化窒素という物質を産生します。すなわち，有酸素性運動は動脈壁からの一酸化窒素の産生を促進することで，動脈伸展性を高めると考えられています。

　一方，スイミングのような水中での有酸素性の運動やトレーニングも動脈伸展性を高めるのに効果的です（図6-29）。特に水中での運動は，陸上での運動よりも膝や腰への負担が少なく，中高齢者を中心に人気の高い運動です。

　有酸素性トレーニングを開始すると比較的短期間で動脈伸展性は増加します（図6-30）。しかし，トレーニングを終了すると，動脈伸展性はトレーニングを行ったのと同じ程度の期間で，トレーニング開始時のやわらかさにもどります。増加した動

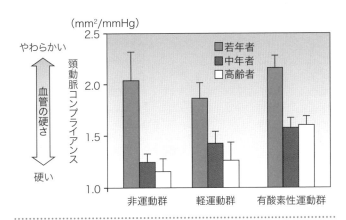

図6-27　運動習慣の違いによる若年者，中年者，高齢者の動脈伸展性
日頃から有酸素性運動を行っている人の動脈伸展性は，明らかに高くなっている。

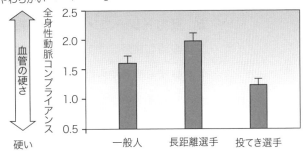

図6-28　一般人，陸上長距離選手，投てき選手の動脈伸展性
陸上長距離選手は，投てき選手や一般人と比較して動脈伸展性が高く，日頃の有酸素性トレーニングによって動脈がやわらかくなっていることがわかる。

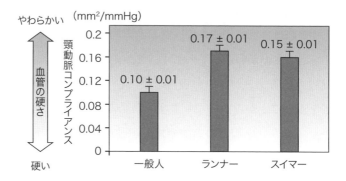

図 6-29　一般人，ランナー，水泳選手の動脈伸展性
スイミングのような水中での運動は，陸上での運動よりも膝や腰への負担が少なく，中高齢者を中心に人気が高い。

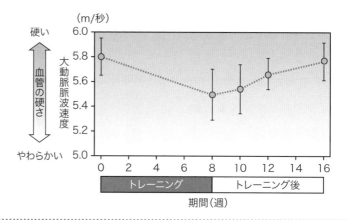

図 6-30　有酸素性運動による動脈の伸展性の変化
8 週間の有酸素性運動により，大動脈の伸展性（やわらかさ）が増してくる。大動脈の伸展性を大動脈脈波速度（拍動が伝わる速さ）で評価しているが，脈波速度が低いほど血管がやわらかいといえる。

脈伸展性を維持するためには，継続的に運動をする習慣をもつことが重要です。

5. 筋力トレーニングは動脈伸展性を低下させる

　代表的な無酸素性トレーニングに筋力トレーニングがあります。筋力トレーニングは筋力や筋量の増強を目的としたトレーニングであり，パワー系アスリートをはじめさまざまな競技のアスリートにとって重要なトレーニングの 1 つです。しかし，筋力トレーニング愛好家の動脈伸展性は，筋力トレーニングを実施していない一般人と比較して低くなります（**図 6-31**）。筋力トレーニングによって動脈伸展性が低下する原因はいくつか考えられますが，その 1 つとして負荷を持ち上げる動作である短縮性収縮が影響しています。**図 6-11** において短縮性収縮中の収縮期血圧は，伸張性収縮よりも高いことを説明しましたが，度重なる

血圧の上昇によって動脈伸展性が低下すると考えられます。さらに，上半身の筋力トレーニングも動脈伸展性を低下させる原因の1つと考えられます。上半身の運動は下半身の運動と比較して交感神経の働きを高めます。交感神経活動の亢進は動脈伸展性を低下させます。

　動脈伸展性の低下は心血管疾患発症の危険因子の1つですが，筋力トレーニングによる動脈伸展性の低下が心血管疾患の発症に直接影響するかどうかはわかっていません。しかし，加齢に伴って動脈伸展性は低下しますから，心血管疾患の発症に直接影響しないとしても，動脈伸展性を維持・向上させることは重要です。筋力トレーニングにジョギングやサイクリングなどの有酸素性運動トレーニングを加えると，動脈伸展性の低下を抑制するのに効果的です。なかでも，筋力トレーニング後に有酸素性運動トレーニングを行うと，動脈伸展性が高まりま

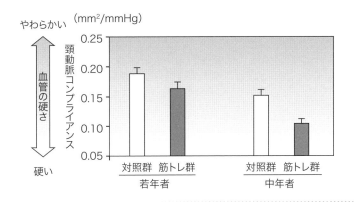

図6-31　筋力トレーニング愛好家の動脈伸展性
筋力トレーニングによって，動脈の伸展性は低下する。

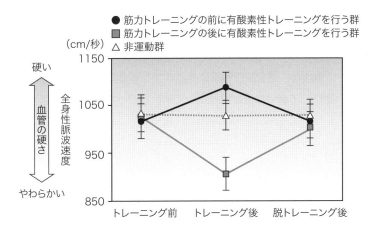

図6-32　筋力トレーニングの前後に有酸素性トレーニングを行った場合の動脈伸展性の変化
筋力トレーニングの後に有酸素性トレーニングを行うと動脈伸展性が高まる。

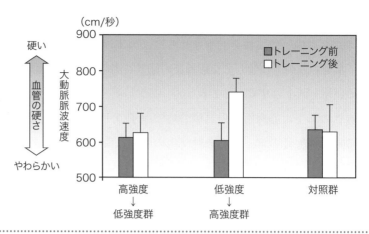

図 6-33　高強度筋力トレーニングの前後に低強度筋力トレーニングを行った場合の動脈伸展性の変化
高強度筋力トレーニングの後に低強度筋力トレーニングを行うと動脈伸展性の低下が抑えられる。

す（**図 6-32**）。また，低強度筋力トレーニングは動脈伸展性を高めるので，高強度筋力トレーニングの後に低強度筋力トレーニングを行うと動脈伸展性の低下が抑えられます（**図 6-33**）。

Column 6

座っている時間が長い人は要注意

　近年では，パソコンの前やスマホを片手に，長時間にわたって椅子に座る生活が増加しています。座ったままで過ごす時間が長くなると下肢（脚）の血流が悪くなり，心臓や血管に悪影響を与えます。なかでも，日本人の座位時間は，世界で一番長いことで有名です。

　最近の研究において，座位時間が長いと，心血管疾患や認知症などのリスクが増加し，たとえ運動習慣があったとしても，そのリスクは運動習慣がない人とほとんど変わらないということがわかっています。また，座位時間の増加によって糖尿病，ガンやうつ病の発症リスクも増えてしまいます。

　座位時間の増加による一番の弊害は，下肢の血流が滞ることです。座りっぱなしで足の筋肉が動かないと，動脈の機能自体も低下してしまいます。座位時間の増加によるさまざまな悪影響は，簡単な運動で抑えられることがわかっています。座っている間に踵の上げ下げをするだけでも効果があり，貧乏ゆすりは下肢の動脈機能の低下を抑制することもわかっています。また，座位時間の間に数分のウォーキングを行うことで，下肢の血流は増加し，座位時間の増加による悪影響の緩和に効果的です。

　座っている時間が長いと感じたら立つ，あるいはトイレに行くなど，短い時間であってもこまめに身体を動かすことを意識しましょう。

Padilla et al.: Prolonged sitting leg vasculopathy: contributing factors and clinical implications. Am J Physiol Heart Circ Physiol, 313(4): H722-H728, 2017.

＊解答は p.188

次の文章のかっこにあてまはる言葉を答えてください。

1. 心臓には，右（ ① ），右心室，左心房，左（ ② ）の４つの部屋があります。右（ ① ）に戻ってきた血液が肺を通り，左（ ② ）に送られるまでを，（ ③ ）といいます。一方，左（ ② ）から送り出された血液が全身を通り，右（ ① ）に送られるまでを（ ④ ）といいます。

2. １回拍出量は主に（ ① ），前負荷，（ ② ）の３つの要素から決定されます。前負荷は，（ ③ ）から送り出された血液が静脈を通って心臓にもどってくる量によって決まります。これを（ ④ ）といいます。（ ④ ）が減ってくると，下肢に血液が滞留します。（ ④ ）を増やすには（ ⑤ ）を中心とした筋肉の働きが必要になります。これを（ ⑥ ）といいます。

3. 心臓が収縮する際の電気信号は（ ① ）→（ ② ）→ヒス束→左右の（ ③ ）→プルキンエ線維の順に伝わります。

4. 運動を開始すると１回拍出量，心拍数とも増加しますが，心拍数が運動強度の増加に伴って（ ① ）に増加するのに対し，１回拍出量は最大酸素摂取量の（ ② ）までは増加しますが，その後は一定の値を保ちます。（ ③ ）トレーニングを行うことによって，トレーニング前の同じ強度の運動でも（ ④ ）は増加し，（ ⑤ ）は減少します。

5. 心臓は，収縮して心臓内の血液を（ ① ）に押し出し，拡張して（ ② ）から血液を受け入れています。心臓が収縮して血液を押し出すときに血管の壁に加わる圧力を（ ③ ），心臓が拡張して血液を受け入れるときに血管の壁に加わる圧力を（ ④ ）といいます。（ ③ ）が 140 mmHg 以上，（ ④ ）が 90 mmHg 以上で（ ⑤ ）と判定されます。

第7章

内分泌系とスポーツ

　"運動"はストレスとなり，生体の内部環境を崩すほどの大きな刺激となりますが，実際には倒れることなく運動を継続することができます。

　これは，運動刺激に応じてホルモンが分泌し，各器官や細胞の働きが調節されているからです。

　また，運動によって血中ホルモン濃度が増加しますが，これは筋細胞の増殖（筋肥大）や脂肪組織の分解などにも関与しています。

　この章では，運動時のホルモン分泌動態とそれがもたらす生理作用について説明します。

I. 内分泌系とは

1. ホルモンは内分泌組織で分泌され，標的細胞の受容体と結合して作用する

ホルモンの語源は，ギリシャ語の "hormao ＝刺激する" といわれています。その名のとおり，ホルモンは標的細胞を刺激し，さまざまな作用を引き起こします。汗や消化液などの外分泌系（がいぶんぴつけい）に対して，ホルモンを介して行われる調節機構を内分泌系（ないぶんぴつけい）といいます。

ホルモンは，内分泌組織（**図 7-1**）から分泌され，血液によって標的細胞まで運搬されます。標的細胞には，各ホルモンに特異的に反応する受容体（じゅようたい）があります。この受容体とホルモンが結合することによって，標的細胞において生理作用が発現します（**図 7-2**）。もし，受容体の感受性が低ければ，ホルモンが分泌してもその生理作用は発現しにくくなります。たとえば，2 型糖尿病は，インスリンというホルモンは分泌されますが，インスリン受容体の感受性が低いために血糖値が下がらないという状態です。

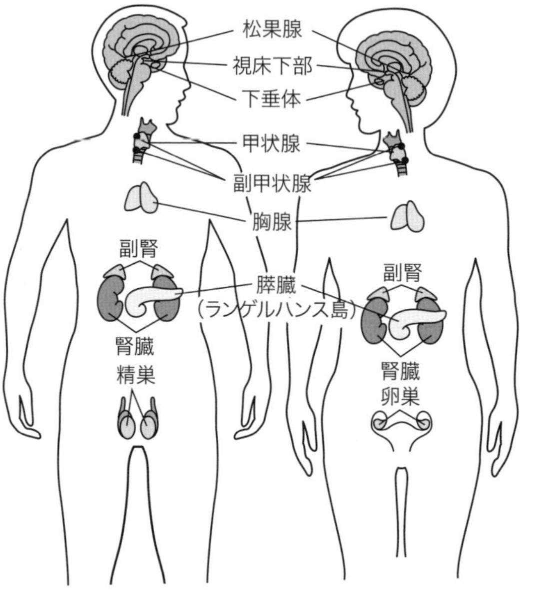

図 7-1　内分泌組織
ホルモンは，内分泌組織から分泌され，血液によって標的細胞まで運搬される。

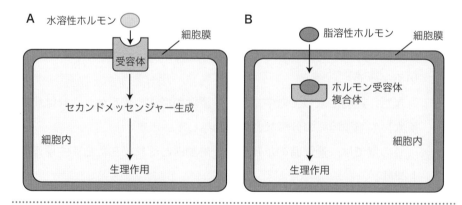

図 7-2　ホルモンの作用機序
水溶性ホルモン（**A**）は，受容体が細胞膜上に存在し，細胞内情報伝達物質（セカンドメッセンジャー）を介して生理作用を発現する。脂溶性ホルモン（**B**）は，細胞膜を透過して細胞内にある受容体と結合し，核内に入って DNA に作用し，生理作用を発現する。

2. ホルモンには水溶性と脂溶性がある

ホルモンには，大きく分けて水溶性ホルモンと脂溶性ホルモンがあります。水溶性ホルモンには，ペプチドホルモンやカテコールアミンが属します。一方，脂溶性ホルモンには，ステロイドホルモンや甲状腺ホルモンがあります。水溶性ホルモンと脂溶性ホルモンでは，作用機序が異なります。水溶性ホルモンは，細胞膜を通過できないため，受容体は細胞膜上にあります。ホルモンが結合した受容体は，細胞内情報伝達物質（セカンドメッセンジャー）を生成し，生理作用を発現します（図 7-2A）。脂溶性ホルモンは，細胞膜を透過して細胞内にある受容体と結合し，生理作用を発現します（図 7-2B）。

3. ホルモン分泌量はネガティブフィードバック機構によっても調節されている

ホルモンは，分泌量が過剰であっても不足しても生体に障害が生じます。そのため，ホルモンの分泌量や血中ホルモン濃度は，一定の範囲に保たれています。ホルモン分泌の命令は，主に階層的に支配されており，上位ホルモンから下位ホルモンへと支配されています。たとえば，上位の視床下部から分泌される成長ホルモン放出ホ

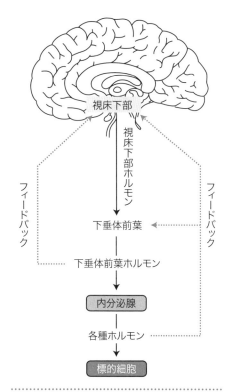

図 7-3　ホルモン分泌の調節・ネガティブフィードバック機構
ホルモン分泌の命令は，上位ホルモンから下位ホルモンへと支配されている。また，多くのホルモンの分泌量はネガティブフィードバック機構（⋯▶）によっても調節されている。

ルモンまたは成長ホルモン抑制ホルモンによって，下垂体前葉からの成長ホルモン分泌量は増減します。また，多くのホルモンの分泌量は，"ネガティブフィードバック機構"によっても調節されており，上位ホルモンの分泌量は，血中ホルモン濃度が低くなれば増加し，高くなれば減少します（図 7-3）。

ホルモンの分泌器官，主な作用などを**表 7-1** にまとめました。

II. 内分泌系と運動トレーニング

1. 運動ストレスに対して高まるホルモンをストレスホルモンという

運動ストレスに対して高まるホルモンには，アドレナリン，ノルアドレナリン，副腎皮質刺激ホルモン，コルチゾールがあり，ストレスホルモンと呼ばれます。これらのホルモンは，運動ストレスによる内部環境の変化に対して，恒常性を維持するために作用します。運動強度を漸増的に高めていくと，いずれのストレス

表 7-1　ホルモンの生理作用

分泌器官	ホルモン	主な標的組織	主な作用
視床下部	放出ホルモン（ゴナドトロピン［性腺刺激ホルモン］放出ホルモン，コルチコトロピン［副腎皮質刺激ホルモン］放出ホルモンなど）	下垂体前葉	特異的なホルモンの分泌を刺激
	抑制ホルモン（乳腺刺激ホルモン抑制ホルモン，成長ホルモン抑制ホルモンなど）	下垂体前葉	特異的なホルモンの分泌を抑制
下垂体前葉	成長ホルモン	多くの組織	タンパク質合成促進，成長促進
	プロラクチン（黄体刺激ホルモン）	乳腺	乳房・乳腺の発育と乳汁産生・分泌
	甲状腺刺激ホルモン	甲状腺	甲状腺ホルモンの分泌を促進
	副腎皮質刺激ホルモン	副腎皮質	副腎皮質ホルモンの分泌を促進
	性腺刺激ホルモン（黄体形成ホルモン，卵胞刺激ホルモン）	性腺（卵巣・精巣）	性腺機能を刺激
下垂体後葉	オキシトシン	子宮	収縮
		乳腺	射乳の誘発
	バソプレッシン（抗利尿ホルモン）	腎臓	水の再吸収を促進
甲状腺	甲状腺ホルモン（T_3, T_4）	多くの組織	代謝促進，正常な成長・発育に必須
	カルシトニン	骨・腎臓	血中のカルシウムイオン濃度低下
副甲状腺（上皮小体）	副甲状腺ホルモン	骨・腎臓	血中のカルシウムイオン濃度上昇
膵臓（ランゲルハンス島）	インスリン	多くの組織	血糖値低下
	グルカゴン	肝臓・脂肪組織	血糖値上昇
	ソマトスタチン	ランゲルハンス島	インスリンとグルカゴンの分泌を抑制
副腎髄質	カテコールアミン（アドレナリン・ノルアドレナリンなど）	心筋, 血管, 肝臓・脂肪組織	心拍数・血圧・代謝・血糖値の上昇
副腎皮質	糖質（グルコ）コルチコイド（コルチコステロン，コルチゾールなど）	多くの組織	血糖値上昇，抗炎症，胃酸分泌促進
	電解質コルチコイド（アルドステロンなど）	腎臓	ナトリウムイオンの再吸収促進
	副腎アンドロゲン		男性の第二次性徴の発現
精巣	アンドロゲン（テストステロン）	多くの組織	男性の第二次性徴の発現
		生殖器官	精子形成
卵巣	エストロゲン（エストラジオールなど）	多くの組織	女性の第二次性徴の発現
		生殖器官	卵胞発育・子宮内膜肥厚・膣上皮増殖
	プロゲステロン	子宮	妊娠の維持
		乳腺	発達の促進
消化管	消化管ホルモン（ガストリン，セクレチンなど）	消化管・胆のう・膵臓	消化管機能の調節
腎臓	レニン	副腎皮質	アルドステロン分泌を促進
	エリスロポエチン	骨髄	赤血球の生成を促進
松果体	メラトニン		概日リズム
心臓	心房性ナトリウム利尿ペプチド	腎臓	ナトリウムイオンの排泄を促進

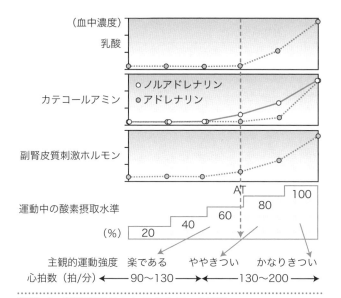

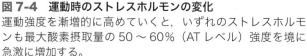

図 7-4　運動時のストレスホルモンの変化
運動強度を漸増的に高めていくと，いずれのストレスホルモ
ンも最大酸素摂取量の 50 ～ 60％（AT レベル）強度を境に
急激に増加する。

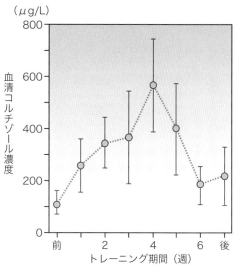

図 7-5　トレーニングによるストレス適応（安静時）
トレーニング開始 4 週間までは増加している
が，それ以降は減少した。

ホルモンも最大酸素摂取量（$\dot{V}O_2max$）の 50 ～ 60％（AT レベル）強度を境に
急激な増加がみられます（**図 7-4**）。これは，活動筋に乳酸が蓄積することで筋
内の pH が低下し，筋内化学受容器が刺激され，感覚神経（求心性線維）を介し
て交感神経活動を亢進することが要因であると考えられています。

　図 7-5 に，自転車運動による高強度のトレーニング期間の安静時コルチゾー
ル濃度の値を示しました。安静時のコルチゾール濃度の推移をみると，トレーニ
ング開始 4 週間までは増加していますが，それ以降は減少し，7 週間目には基礎
値（トレーニング前の値）にもどります。このように運動によるストレスに対し
ては，しばらくすると馴れてきて適応するということがわかります。

2. 筋肥大に影響を与えるホルモンがある

　タンパク同化作用をもつホルモンを"アナボリックホルモン"といいます。ア
ナボリックホルモンは，骨格筋においてタンパク質合成を高める作用があること
から，レジスタンストレーニングによる筋肥大と関係があると考えられています。
代表的なものとして，テストステロンやインスリン様成長因子–I（IGF–I）があ
げられます。一方，前述したストレスホルモンであるコルチゾールは，タンパク
異化作用をもち，筋肥大を抑制します。また，これまでは筋肥大に関係があると
考えられてきた成長ホルモンですが，最近の研究ではあまり重要でないとされて

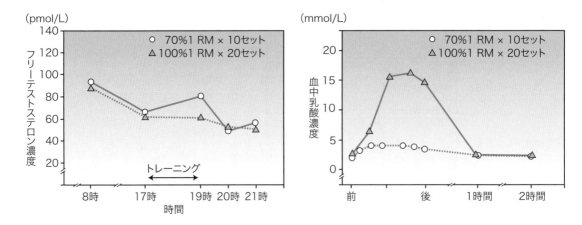

図 7-6　トレーニングプログラムの違いによるフリーテストステロンおよび乳酸濃度の変化
トレーニングプログラムの違いによって，テストステロン濃度や血中乳酸濃度の増加量が異なる。

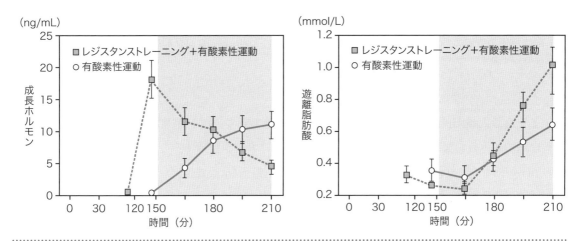

図 7-7　トレーニングプログラムの違いによる成長ホルモンと遊離脂肪酸の経時的変化
レジスタンストレーニングを行った後に有酸素性運動を行う条件と有酸素性運動のみを行う条件で，成長ホルモンと遊離脂肪酸の濃度を比較すると，いずれもレジスタンストレーニングを行った条件のほうが高い値を示す。

います。実際に，筋肥大が促進するような刺激を与えた場合に成長ホルモンの分泌が上昇しますが，その因果関係は明確ではありません。

　レジスタンストレーニングプログラムの違いによるフリーテストステロン濃度の変化を**図 7-6**に示しました。トレーニングプログラムの違いによってテストステロン濃度の増加量が異なることを示しています。1回の運動でこのような反応の違いが生じれば，トレーニング効果に影響すると考えられます。このことから，レジスタンストレーニングの効果を効率的に獲得するためには，ただやみくもに重い物を持ち上げればよいというわけではなく，目的に応じてセット数や挙上回数などのプログラムを考慮しなければならないということがいえます。

3. 脂肪の分解に影響を与えるホルモンがある

　体脂肪は，脂肪組織においてトリグリセリド（中性脂肪）のかたちで体内に貯蔵されています。このトリグリセリドを筋肉のエネルギーとして使うためには，リパーゼという酵素を用いてグリセロールと遊離脂肪酸（free fatty acid：FFA）に分解する必要があります。リパーゼの活性を高める，つまり脂肪分解を促進する作用をもつホルモンには，アドレナリン，ノルアドレナリン，成長ホルモン，副腎皮質刺激ホルモン，甲状腺刺激ホルモンがあります。

　図7-7に，トレーニングプログラムの違いによる成長ホルモン濃度と遊離脂肪酸濃度の変化を示しました。成長ホルモン濃度の変化を，レジスタンストレーニングを行った20分後に有酸素性運動を行う条件と，有酸素性運動のみを行う条件で比較すると，レジスタンストレーニングを行った条件のほうが高い値を示します。また,遊離脂肪酸も同様の変化を示します。これは,レジスタンストレーニングによる刺激によって，成長ホルモン濃度が増加し，リパーゼの活性が高ま

Column 7

筋肥大のためにはお酒はほどほどに？

　20歳以上の人は，お酒を飲む機会もあるかと思います。アルコールは大脳新皮質の働きが鈍くなるので，感情や衝動，食欲などの本能的な部分をつかさどる大脳旧皮質や辺縁系の働きが活発になり，精神が高揚し，リラックス効果があります。一方，アルコール摂取が筋肥大に与える影響について次のような報告があります。

　アルコール摂取量の条件を変えて血中コルチゾール濃度を測定したところ，体重あたり1.75gのアルコール（ビール中ジョッキ4～5杯相当）を飲んだ後は，飲む前に比べて血中コルチゾールが152％も増加したそうです（図）。コルチゾールは，筋肉のタンパク質合成を抑制する作用がありますので，お酒を飲みすぎるとせっかくのトレーニングの効果が失われる可能性があると考えられます。さらにアルコールは，IGF-Iやインスリンがもつ筋タンパク質合成の作用を弱めるという報告もあります。健康によい1日あたりのアルコール摂取量は，ビール500mL，ワイン180mL,チューハイ520mLといわれています。この程度なら筋肥大の妨げにはならないようです。くれぐれも飲みすぎには注意しましょう。

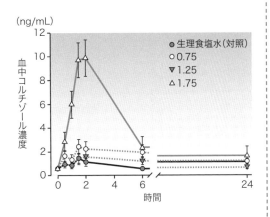

Bianco A, et al.: Alcohol consumption and hormonal alterations related to muscle hypertrophy: a review. Nutrition & Metabolism,11: 43, 2014.

り，脂肪が分解されたことを示します。この分解された脂肪を有酸素性運動によって燃焼させる（エネルギーとして脂肪を用いる）ことで，体脂肪が減少されます。以上のことから，レジスタンストレーニングに引き続いて有酸素性運動を行うことで，効率よく体脂肪を減少させることができるといえます。

4. オーバートレーニングはホルモン分泌異常を引き起こす

オーバートレーニング症候群とは，過剰なトレーニングによって引き起こされるさまざまな症状のことを指します。たとえば，抑うつ傾向の増加，消化活動の減退による食欲低下，月経異常などが報告されています。これらは，長期的に過度の運動ストレスにさらされることによって，視床下部によるホルモンの分泌調節がうまくいかなくなることが原因と考えられています。

運動時には，コルチゾールなどのストレスホルモン濃度が一時的に増加しますが，通常は運動を中止すれば運動前の値にもどります。しかし，オーバートレーニングの状態になると，安静時であってもコルチゾールの値が高い状態が続きます。そのような状態では，ネガティブフィードバック機構の抑制がかかってしまい，このことが抑うつ傾向増加の要因ではないかと考えられています。さらに，コルチゾールの慢性的な増加は，骨格筋に対するカタボリック作用（筋タンパク

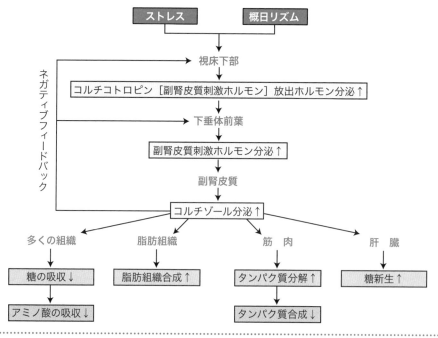

図7-8 オーバートレーニングが各組織に与える影響

の分解を促進する作用）をもつことが知られています（**図 7-8**）。したがって，レジスタンストレーニングによって筋肉の肥大効果を得るためには，オーバートレーニングを予防し，適切なトレーニングプログラムを実施することが重要です。

　また，オーバートレーニングでは，視床下部から性腺系への調節がうまくできない状態になり，男性では血漿テストステロン濃度が低下し，女性では性腺刺激ホルモンの分泌が不規則になり，月経不順や無月経の症状がみられます。

＊解答は p.188

次の文章のかっこにあてまはる言葉を答えてください。

1. ホルモンは，（ ① ）から分泌され，血液によって（ ② ）まで運搬されます。標的細胞には，各ホルモンに特異的に反応する（ ③ ）があります。この（ ③ ）とホルモンが結合することによって，標的細胞において（ ④ ）が発現します。

2. 運動ストレスに対して高まるホルモンには，アドレナリン，ノルアドレナリン，副腎皮質刺激ホルモン，コルチゾールがあり，これらのホルモンは，運動ストレスによる内部環境の変化に対して，（ ① ）を維持するために作用します。運動強度を漸増的に高めていくと，いずれのストレスホルモンも最大酸素摂取量の（ ② ）％強度を境に急激な増加がみられます。これは，活動筋に（ ③ ）が蓄積することで筋内の（ ④ ）が低下し，筋内化学受容器が刺激され，（ ⑤ ）を介して（ ⑥ ）を亢進することが要因であると考えられています。

3. タンパク（ ① ）作用をもつホルモンを "アナボリックホルモン" といいます。アナボリックホルモンは，骨格筋においてタンパク質合成を（ ② ）作用があることから，レジスタンストレーニングによる筋肥大と関係があると考えられています。代表的なものとして，（ ③ ）やインスリン様成長因子-I（IGF-I）があげられます。一方，ストレスホルモンである（ ④ ）は，タンパク（ ⑤ ）作用をもち，筋肥大を抑制します。

第8章

体液・血液とスポーツ

　日常生活において，体液・血液の量や組成はほぼ一定に保たれていますが，スポーツ場面では，それらが大きく変化することがあります。

　この変化は，活動筋への酸素運搬能力の低下，さらには循環器系へのダメージを引き起こします。

　したがって，体液・血液の量や組成をコントロールすることは，よりよいパフォーマンスの発揮や運動中の事故防止のためにも非常に重要です。

　この章では，体液や血液の役割とそれらの運動による変化，パフォーマンスへの影響について説明します。

I. 体液の量と組成

1. 体液量は体重の約60%を占める

　　ヒトのからだの半分以上は，水分で成り立っています。からだを構成している水分を体液といいます。体液量は，成人では体重の約60%を占めますが，個人差があります。たとえば，筋肉の量が少ない人よりも多い人のほうが体水分量は多くなります。なぜかというと，筋組織には約75%の水分が含まれますが，脂肪組織には約10%の水分しか含まれていないからです。

　　体液は，存在する場所によって，いくつかの種類に区分されます（図8-1）。体液の約2/3（体重の約40%）は，細胞のなかにあり細胞内液といい，残りは細胞の外にあり細胞外液といいます。両者は，細胞膜によって隔たれています。細胞外液は，さらに細胞間にある間質液（組織液）と血液中の血漿に分かれます。血液は血管内を流れていますので，細胞外液に分類されていることを不思議

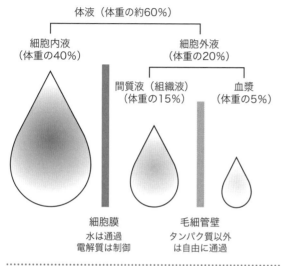

図8-1　体液の分類
体液は細胞内液と細胞外液に分けられ，細胞外液は，さらに間質液（組織液）と血漿に分けられる。

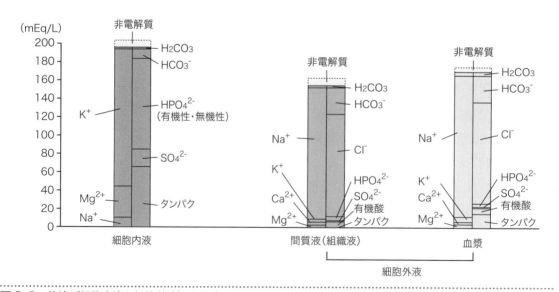

図8-2　体液（細胞内液と細胞外液）の組成
体液には，水分のほかに電解質や糖，タンパク質などが含まれる。Ca^{2+}：カルシウムイオン，Cl^-：塩化物イオン，H_2CO_3：炭酸，HCO_3^-：重炭酸イオン，HPO_4^{2-}：リン酸水素イオン，K^+：カリウムイオン，Mg^{2+}：マグネシウムイオン，Na^+：ナトリウムイオン，SO_4^{2-}：硫酸イオン。

に感じるかもしれませんが，血管も細胞 1 つひとつが組み合わさってできていますので，血管の細胞の外を流れる血液は細胞外液となります。

2. 体液には電解質が含まれる

　体液には，水分のほかに電解質や糖，タンパク質などが含まれます（**図 8-2**）。電解質とは，水に溶けて電気を通す物質のことであり，体液に含まれる電解質には，Na^+（ナトリウムイオン），K^+（カリウムイオン），Cl^-（塩化物イオン），Ca^{2+}（カルシウムイオン）などがあります。Na^+ はからだの水分を調節，K^+ は筋肉や神経への電気信号の伝達，Cl^- は胃酸の生成，Ca^{2+} は骨や歯の形成や血液凝固への関与などの働きをになっています。このように，電解質は生体内でさまざまな役割をもち，生体機能を保つためにはこれらの濃度が一定であることが必要となります。

　また，体液の pH は，7.40 ± 0.05 と非常に狭い範囲で一定に保たれています。pH とは，酸性とアルカリ性の度合いを示す数値であり，H^+（水素イオン）と OH^-（水酸化物イオン）の濃度によって値が変化します。pH は 7 が中性，7 よりも数値が低ければ酸性，7 よりも数値が高ければアルカリ性です。筋肉を収縮すると，筋内でさまざまな酸性物質やアルカリ性物質が産生され，pH を一定に保てなくなり，筋疲労の要因となります。

3. 体液量を一定に保つ仕組みがある

　"夏の練習後に体重を測定したら 3 kg も減っていた"という経験をした人もいると思います。このとき，多くの人が"脂肪が減った"と考えがちですが，実はこの体重の減少分は"体液（体水分）が減った"と考えるべきです。つまり，それだけ汗をかき，体液を損失していたということになります。その証拠に，練習後に水分補給をしてしばらくすれば，体重はあっという間にもとどおりにもどるはずです。このように，体液量はほぼ一定に保たれるようになっています。これは，ホルモンを介してからだに指令を出して体液量の平衡（バランス）を保っているからです。

　体液の調節系には，2 つのシステムがあります。"浸透圧調節系"と"細胞外液調節系"です（**図 8-3**）。"浸透圧調節系"では，浸透圧の変化によって体水分量が調節されます。浸透圧とは，濃度が低い溶液から高い溶液のほうへ，水分が移動するときに生じる圧力のことをいいます。サラダにドレッシングをかけ，しばらく時間が経つと野菜から水分が出てきて水っぽくなります。これは，野菜のなかの水分よりもドレッシングの塩分濃度のほうが高いため，野菜のなかの水分

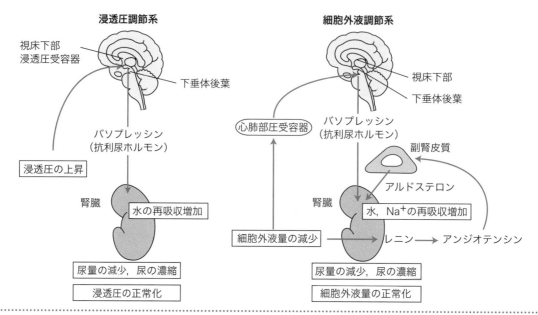

図 8-3　浸透圧と細胞外液量による体液量の調節
浸透圧調節系では，視床下部の浸透圧受容器が浸透圧の上昇を感受し，下垂体後葉からバソプレッシンが分泌され，
腎臓での水分の再吸収が促進される。細胞外液調節系では，腎臓の輸入細動脈の血管壁にある糸球体近接細胞で
循環量が低下したことを感受し，ここからレニンが分泌され，レニン・アンジオテンシン系が作動する。

が浸透によって外に移動したために起こります。

　多量の発汗などによって血液濃縮が生じると，血管外にある間質液を血液中
へ引き込む力（浸透圧）が高まります。この変化によって，視床下部にある
浸透圧受容器が刺激され，下垂体後葉からバソプレッシン（抗利尿ホルモン）が
分泌し，腎臓での水分の再吸収が促進されて尿量を減少させます。また口渇感を
感じて飲水行動を引き起こします。

　"細胞外液調節系"では，腎臓の輸入細動脈の血管壁にある糸球体近接細胞で
循環量が低下したことを感受し，ここからレニンが分泌され，レニン・アンジオ
テンシン系が作動します（**図 8-3**）。レニンによって生成されたアンジオテンシ
ンは，副腎皮質に作用してアルドステロンを分泌します。アルドステロンは，腎
臓の集合管に作用して Na^+ と水分の再吸収を亢進し，それに伴い尿の生成を減
らします。このように体水分量が減少した場合には，水分の体外への排泄をでき
るだけ抑えるように調節されています。

4. 体液の pH を一定に保つ働きを緩衝作用という

　前述のとおり，体液の pH は 7.40 ± 0.05 と，わずかにアルカリ性に傾いた
状態で一定に保たれています。しかし，無酸素性運動をある一定時間以上行う

と，pH が酸性に傾き，筋収縮が阻害されるという現象が起こります。たとえば，400 m を全力疾走した後に，脚が思うように動かない状態になることがあります。その場合には，すみやかに pH を一定に保つためのシステムである緩衝系が働きます。緩衝系では，①重炭酸緩衝系，②リン酸緩衝系，③血漿タンパク緩衝系，④ヘモグロビン緩衝系の 4 つが知られていますが，ここでは，最も緩衝能力の高い重炭酸緩衝系について説明します。

重炭酸緩衝系は，次式のように表わすことができます。

$$CO_2 + H_2O \rightleftarrows H_2CO_3 \rightleftarrows H^+ + HCO_3^-$$

このように，血液中で CO_2 と HCO_3^-（重炭酸イオン）との間に平衡がなり立ちます。もし，高い強度の運動によって，筋内で H^+ が発生した場合には，血漿中に H^+ が流出してきます。H^+ の増加は体液の pH を低下させるので，H^+ を体外に排出しなければなりません。その場合，$H^+ + HCO_3^- \rightarrow H_2CO_3 \rightarrow CO_2 + H_2O$ の方向に化学反応が進行します。重炭酸イオンが水素イオンと結合して炭酸となり，最終的に二酸化炭素と水に変化させ，呼気として体外に排出します。

5. 体液量の低下や電解質の損失によってパフォーマンスが低下する

体液量や電解質を一定に保つシステムが備わっていても，暑熱環境下や激しい運動を行った場合には，そのバランスが崩れることがあります。体温が上昇した場合，体液を体外に分泌して気化させ，放熱を増加します。いわゆる"発汗"ですが，これによって体液や電解質が体外に排出され，損失することになります。

体液量が減少した場合には，血液濃縮が生じ，血液の流動性が低下することから，筋肉への酸素運搬能が低下します。体液の損失によるパフォーマンスへの影響は数多く報告されていますが，総合的にみると，体重の 2 〜 3％の体液が損失されると有酸素性作業能の低下がみられ，体重の 5％の体液が損失されると無酸素パワー，筋力，筋持久力の低下がみられます。無酸素パワーや筋力は，有酸素性作業能に比べると血漿量の減少による活動筋への酸素供給の低下の影響を受けにくいと考えられます（図8-4）。

6. 水分は運動前・中・後にこまめに補給する

水分補給では，汗で損失した水分量を補うことが重要です。普段の練習時の前後に体重を測定し，どのくらい汗を

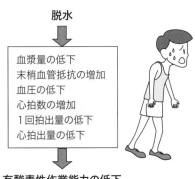

図 8-4 脱水による有酸素性作業能力低下の要因

表 8-1　運動強度と水分摂取量の目安（日本スポーツ協会ホームページより引用）

運動強度			水分摂取量の目安	
運動の種類	運動強度 （最大強度の%）	持続時間	競技前	競技中
トラック競技 バスケット サッカーなど	75 〜 100%	1 時間以内	250 〜 500 mL	500 〜 1,000 mL
マラソン 野球など	50 〜 90%	1 〜 3 時間	250 〜 500 mL	1 時間あたり 500 〜 1,000 mL
ウルトラマラソン トライアスロンなど	50 〜 70%	3 時間以上	250 〜 500 mL	1 時間あたり 500 〜 1,000 mL 必ず塩分を補給

注意 1：環境条件によって変化するが，発汗による体重減少の 70 〜 80% の補給を目標とする。気温の高いとき
　　　　には 15 〜 20 分ごとに飲水休憩をとることによって，体温の上昇が抑えられる。1 回 200 〜 250 mL の水分
　　　　を 1 時間に 2 〜 4 回に分けて補給する。
注意 2：水の温度は 5 〜 15℃が望ましい。
注意 3：食塩（0.1 〜 0.2%）と糖分を含んだものが有効。運動量が多いほど糖分を増やしてエネルギーを補給する。
　　　　特に 1 時間以上の運動をする場合には，4 〜 8% 程度の糖分を含んだものが疲労の予防に役立つ。

かいているのかを把握してみましょう。次の式を使って，体重あたりの水分損失
を算出することができます。

体重あたりの水分損失（%）＝（運動前の体重 − 運動後の体重）÷ 運動前の体重 ×100

水分補給の目安を表 8-1 に示します。どの競技においても競技の 30 分前まで
には 250 〜 500 mL の水分をとり，競技中は 15 分ごとを目安にこまめに水分を
補給することが大切です。1 回の摂取量は，約 200 mL 程度が適切です。一度に多く水分をとりすぎると胃内に水分が停滞し，胃が重く感じるので注意するべきです。摂取する水分の糖質濃度が高すぎると胃への停滞時間が長くなり，吸収速度も低下します（図 8-5）。運動時の水分摂取に適切な糖質の濃度は，約 6% といわれています。さまざまな飲料がありますが，主要栄養成分 100 g あたりの糖質含有量の記載を参考にして，味などの好みで選ぶようにしましょう。

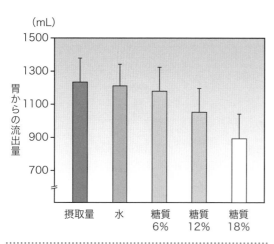

図 8-5　糖質の濃度の違いが胃の停滞時間に与える
影響
水分の糖質濃度が高すぎると胃での停滞時間が長くな
り，吸収速度も低下する。

II. 血液の成分と働き

1. 血液の成分は血漿，赤血球，白血球，血小板に分けられる

けがをしたときや健康診断の採血などで，誰もが"血液"をみた経験があるでしょう。外見的には"血液は赤い液体"というイメージをもつと思います。しかし，採血した血液を遠心分離すると，液体成分と固体成分に分かれます（**図8-6**）。液体成分を血漿といい，固体成分には赤血球，白血球，血小板の3種類があります。

血漿は，淡い黄色で糖，タンパク質，電解質，老廃物などを含み，これらの物質や赤血球や白血球などを各組織に運搬するという働きがあります。

赤血球は，無核細胞であり，その名のとおり赤い色をしています。形状は，上からみると円形，横からみると中央がくぼんだ形をしています（**表8-2**）。赤血球が固体成分のなかで最も大きい割合を占めているため，血液は赤くみえるのです。赤血球の主な働きは，酸素と結合して各組織へ運ぶことです。たとえば，筋肉は，赤血球から酸素を受けとってATP（アデノシン三リン酸）を産生し，筋収縮を行います。

ところで，なぜ赤血球は赤いのでしょうか。それは，細胞膜の内側にヘモグロビン（血色素）を含むからです。ヘモグロビンは，ヘム（鉄）とグロビン（タンパク質）の化合物であり，酸素と結合するとより赤くなります。したがって，酸素濃度の低い静脈血は暗い赤色，酸素濃度の高い動脈血は紅鮮色にみえます。ヘモグロビンの主な役割は，酸素を運搬することであり，ヘモグロビン1gあたり1.34 mLの酸素と結合することができます。つまり，ヘモグロビン濃度が高ければ，たくさんの酸素を組織へ供給することができます。もし，ヘモグロビン濃度が低下した場合，活動筋への酸素供給が低下するため，疲れやすくなり，有酸素性作業能が低下します。

白血球は，"白"という名がついていますが，実際は無色透明です。白血球は

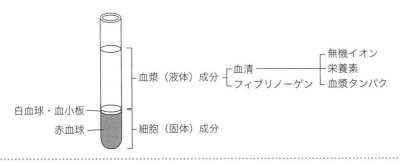

図8-6　血液の成分
血液の液体成分を血漿といい，固体（細胞）成分には赤血球，白血球，血小板の3種類がある。

	名称	形・大きさ	1 μL 中の数	働き	寿命	つくられる場所	壊れる場所
細胞成分 (45%)	赤血球	無核 直径 7 〜 8 μm	男性： 約 500 万個 女性： 約 450 万個	酸素の運搬 ヘモグロビンを含む	100 〜 120 日	骨髄 白血球の一部はリンパ組織のなかでつくられる	脾臓 肝臓 リンパ組織
	白血球	有核 直径 10 〜 15 μm	4,000 〜 9,000 個	異物処理 細菌を貪食して殺す 免疫機能	3 〜 5 日 種 類 に よっては 数ヵ月〜 数年		
	血小板	無核 直径 2 〜 4 μm	15 万〜 40 万個	止血作用 傷口で血液を凝固させる	10 日程度		
血漿成分 (55%)	血 漿	水分（約 90%），タンパク質（7〜9%），ブドウ糖，Na⁺，その他の無機物，ホルモン		物質の運搬 体液を一定に保持する			

表 8-2 血液の分類

有核細胞であり，顆粒球（好中球，好酸球，好塩基球），単核球（単球，リンパ球）に大別されます。それぞれの細胞の連携によって体内へ侵入したウイルスや異物を除去する免疫作用があります。

　血小板は，無核細胞であり，円盤状をしています。血管が傷つくと血管内皮細胞から血小板を活性させる物質が放出されます。すると，血小板の粘性が増し，血管の傷ついた部分をふさぎ，出血を止めることができます。血小板の数が減少すれば，出血しても血が止まりにくくなり，逆に増加する疾患では，血栓症が認められることがあります。

2. 赤血球変形能はトレーニングによって高まる

　赤血球の直径が 7 〜 8 μm であるのに対して，毛細血管は 3 〜 4 μm しかありません。つまり，赤血球は直径よりも狭い血管を通過しなければなりません。このような場合には，赤血球は細長く形を変えて通過し，またすぐにもとの形にもどります。赤血球が形を変える能力のことを変形能といいます。赤血球の柔軟性や弾力性が低下すると，変形能が低下して血液が流れにくくなり，毛細血管で

赤血球がつまってしまう可能性もあります。赤血球変形能に影響する因子は，赤血球内の粘度〔主に平均赤血球色素濃度（mean corpuscular hemoglobin concentration：MCHC）で示される〕，赤血球の形態，赤血球膜の粘弾性であり，これらには血液性状や酸化ストレスが影響するといわれています。

赤血球変形能は，運動習慣のない一般健常者に比べて，毎日トレーニングを行っているアスリートのほうが高いことが報告されています。運動時には，骨格筋にスムーズに酸素を供給できるほうが有利ですから，日ごろのトレーニングによって赤血球変形能が高まることはパフォーマンスの向上に貢献できるといえそうです（**図8-7**）。

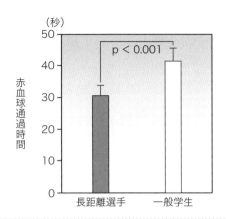

図8-7　陸上長距離選手と一般学生の安静時赤血球変形能の比較
赤血球変形能（通過時間が短いほうが変形能が高い）は，運動習慣のない一般学生に比べて，毎日トレーニングを行っているアスリートのほうが高い。

3. 低～中強度の運動は免疫機能を高める

ウォーキングやジョギングなど低～中強度のトレーニングを継続すると，免疫機能に関与する白血球のNK細胞やリンパ球の安静時の数が増加するという報告があります。つまり，運動習慣がある人のほうがウイルスなどに抵抗する能力が高く，風邪をひきにくいということです。しかし，過度

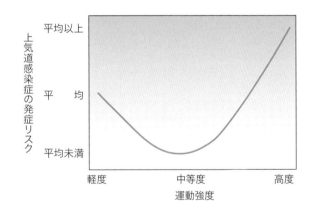

図8-8　運動強度と上気道感染症の発症リスクの関係（Jカーブモデル）
低～中強度の運動を継続すると免疫機能が高まるが，強度の高い運動を継続すると，免疫機能が低下し，上気道感染症にかかりやすくなる。

な運動を行うと逆にNK細胞数は低下します。つまり，オーバートレーニング状態は白血球がもつ免疫機能を低下させる可能性があります。アスリートにおける上気道炎の感染率と運動量の関係をみると，Jカーブを示します（**図8-8**）。もし，合宿や強化練習などで高強度のトレーニングが続くような場合には，手洗いやうがいを励行し，風邪をひかないように注意することが必要です。

4. 血漿量は急性運動後に減少し，持久性トレーニングによって増加する

持久性運動やレジスタンス運動などを行った直後には，一時的に血漿量が大き

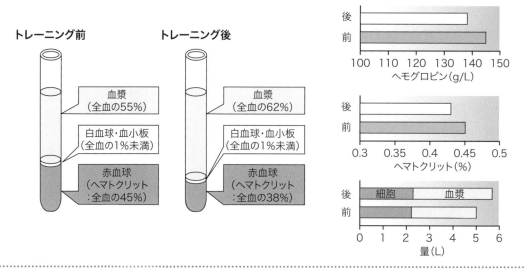

図8-9　持久性トレーニングによる血液性状の変化
持久性のトレーニングによって，赤血球数とヘモグロビンの増加が起こるが，これは血漿量が大きく増加したためで，相対的にみると減少したようにみえる。

く減少します。その主な要因としては，細胞内の代謝産物の増加による浸透圧の変化，血圧の上昇，発汗などによって血管外に血漿が移動することがあげられます。この反応は運動強度に依存します。血漿量の減少によって，ヘマトクリット(赤血球容積)が上昇し，血液粘度が増加するため，酸素運搬能力および体温調節能力の低下を引き起こします。

　長期間の持久性トレーニングを行うと，赤血球数やヘモグロビン濃度の増加を引き起こします。それと同時に血漿量が急激に増加するため，血液に対する割合で相対的にみると赤血球やヘモグロビン濃度は減少したようにみえます(**図8-9**)。そのため貧血を疑われる場合がありますが，このような状態は希釈性貧血と呼ばれ，トレーニングに身体が適応した状態であり，むしろ血液粘度が低下して血液循環がよくなります。したがって，酸素や栄養素の筋肉への運搬がスムーズになり，さらに発汗による血液濃縮も予防できますので持久性パフォーマンスの向上につながるといえます。

5．運動性貧血には鉄欠乏性貧血，溶血性貧血，希釈性貧血がある

　貧血は，“単位容積あたりの赤血球数とヘモグロビン濃度が減少した状態”と定義されます。アスリートにおける貧血を運動性貧血と呼び，発現機序によって大きく3つに区分されます(**表8-3**)。

　鉄欠乏性貧血は，赤血球の材料となる鉄，タンパク質などの摂取不足，あるいは消化管からの慢性的な出血や血尿，発汗，月経血などの鉄の損失によって，体

表 8-3 運動性貧血とその発現機序

貧血の種類	原因	競技力への影響	治療の必要性
鉄欠乏性貧血	赤血球合成材料（鉄，タンパク質など）の摂取不足 体内鉄の不足（無自覚の慢性的出血）	持久力の低下	あり
溶血性貧血	赤血球膜浸透圧抵抗性の低下 赤血球膜構造の可逆性の低下	持久力の低下	あり
希釈性貧血	循環血漿量の増加	持久力の向上	なし

内の鉄が不足することで起こります。溶血性貧血は，運動時に生じる物理的な衝撃によって赤血球が変化し，壊れやすくなって起こります。この2つの貧血は，持久力を低下させるため，治療の必要があります。

　希釈性貧血は，循環血漿量の増加によって起こります。循環血漿量が増加することは，酸素や栄養を運搬するためには好都合であり，さらに発汗による血液濃縮も予防できますので，治療の必要はありません。多くの選手では，持久的なトレーニング開始初期にこれらの運動性貧血の症状が現われますので，注意が必要です。

Column 8

水は飲みすぎるとからだに悪い！？

　便秘の解消や代謝の促進など水分補給は健康を促す印象があります。また，熱中症予防には水分摂取がきわめて重要なことは周知のとおりです。しかし，水は飲めば飲むほど身体によいというものではありません。

　2002年，アメリカのマラソンレースで死亡事故が続けて発生しました。原因は，低ナトリウム血症＝水中毒です。低ナトリウム血症は，水分の摂りすぎで細胞中の水が過剰となった状態になり，倦怠感，吐き気，足がつるなどの症状がみられ，重症になると肺水腫（肺に水がたまった状態）や脳浮腫（脳がむくんだ状態）から呼吸困難や意識障害などの症状が起こり，最悪の場合には死にいたることもあります。

　暑熱環境では発汗量が増加し，体外に流出するナトリウム量が増えますので，水分だけでなくナトリウムが40〜80 mg（100 mL中）含まれる飲料を摂取することをおすすめします。実は，低ナトリウム血症は男性よりも女性に多く発生しています。その理由として体格が小さいこと，発汗率が低いこと，そして水分摂取のガイドラインを厳守しようとする傾向にあることが考えられています。水分補給の目安は，本文中の表8-1に示してありますが，運動強度や気温が低く，身体が小さい人は，少なめの量を選択する配慮が必要です。

Imond CS, et al.: Hyponatremia among runners in the Boston Marathon. N Engl J Med, 352: 1550-1556, 2005.

確認問題

＊解答は p.188

次の文章のかっこにあてまはる言葉を答えてください。

1. からだを構成している水分を（　①　）といいます。（　①　）量は，成人では体重の約（　②　）％を占めますが，個人差があります。たとえば，筋肉の量が少ない人よりも多い人のほうが体水分量は（　③　）くなります。体水分量を一定に保つためのシステムには，（　④　）調節系と（　⑤　）調節系があります。

2. 血液は液体成分と固体成分に分かれます。液体成分を（　①　）といい，固体成分には赤血球，（　②　），（　③　）の３種類があります。血液が赤くみえるのは，赤血球に（　④　）が含まれているためです。（　④　）は，鉄とタンパク質の化合物であり，酸素と結合するとより赤くなります。（　④　）1 g あたり 1.34 mL の（　⑤　）と結合することができます。つまり，（　④　）濃度が高ければ，たくさんの（　⑤　）を組織へ供給することができます。

3. 貧血は，"単位容積あたりの赤血球数と（　①　）濃度が減少した状態"と定義されます。アスリートにおける貧血を運動性貧血と呼び，発現機序によって大きく３つに区分されます。（　②　）性貧血は，赤血球の材料となる鉄，タンパク質などの摂取不足，あるいは消化管からの慢性的な出血や血尿，発汗，月経血などからの鉄の損失によって，体内の鉄が不足することで起こります。（　③　）性貧血は，運動時に生じる物理的な衝撃によって赤血球が変化し，壊れやすくなって起こります。この２つの貧血は，持久力を低下させるため，治療の必要があります。

第9章

スポーツと
ウエイトコントロール

　柔道やレスリングのような階級制（体重別）のある競技においては，大変苦しい減量を強いられる場合があります。一方，相撲のような階級制のない競技においては，からだが大きいことが 1 つのメリットになります。

　また，ウエイトコントロールは数多くのスポーツにおいても重要な要素であり，一定のウエイトを上まわっても下まわっても競技パフォーマンスの低下につながる場合があります。

　この章では，適切なウエイトコントロールについて理解を深めるため，体組成や減量・増量の方法について解説します。

I. 身体組成

1. 身体は筋肉・脂肪・内臓・骨で構成されている

身体は筋肉・脂肪・内臓・骨で構成されています。それを身体組成といいます。

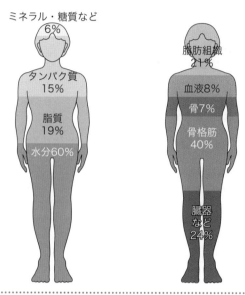

図9-1　身体の構成
身体は筋・脂肪・内臓・骨で構成されており，その主要成分は，水分・タンパク質・脂質・ミネラルの4つである。

表9-1　BMI による肥満度の目安	
BMI 値	**判定**
18.5 未満	やせ
18.5 ～ 25	普通（適正）
25 ～ 30	肥満1
30 ～ 35	肥満2
35 ～ 40	肥満3
40 以上	肥満4

表9-2　体脂肪の範囲			
性別	適正範囲		肥満
	30 歳未満	30 歳以上	
男性	14 ～ 20%	17 ～ 23%	25%以上
女性	17 ～ 24%	20 ～ 27%	30%以上

身体は水分・タンパク質・脂質・ミネラルの4つの主要成分で組成されています（**図9-1**）。アスリートにおいては，身体組成のなかでも筋肉と脂肪の関係が重要です。特に脂肪の増減はパフォーマンスに大きな影響を与えます。

筋肉・脂肪・内臓・骨の総量（脳や体水分量を含む）は体重です。また，脂肪を除いた部分の総量を除脂肪体重といいます。内臓や骨の総量はそれほど大きく変動しませんので，身体組成は主に筋肉と脂肪の量から決定されます。身長と体重のバランス（身長に対する体重の割合）はアスリートにとって重要です。そのバランスは体格指数（body mass index：BMI）といわれ，以下の計算式で算出されます。

$$\text{BMI} = \text{体重（kg）} \div \text{身長（m）}^2$$

BMI が 22 であることが最も適正な体重と考えられていますが，18.5 ～ 25 が標準です（**表9-1**）。

2. 体脂肪はエネルギーである

体脂肪は身体に蓄積する割合が多くなると厄介者のように扱われますが，生命を維持するうえでなくてはならない存在です。体脂肪の最も大きな役割はエネルギーの貯蔵です。脂肪は1gあたり9kcal のエネルギーを生み出します。しかし，体脂肪には約20%の水分が含まれるため，実際は 7.2 kcal のエネルギーを生み出すことになります。一方，炭水化物（糖質）は1gあたり4kcal のエネルギーを生み出します。また，タンパク質も炭水化物と同様に，1gあたり4kcal のエネルギーを生

み出します。

さらに，体脂肪は体温調節にも重要な役割を果たしています。何かにぶつかったときなどの衝撃を和らげてくれるクッションの役割もあり，女性では月経の調整を行っています。したがって，体脂肪を減らせばよいというわけではありません。年齢によっても異なりますが，男性では15～20％，女性では20～25％くらいが適正範囲と考えられています（**表9-2**）。

体脂肪は皮下脂肪と内臓脂肪に分けることができます。特に内臓脂肪はメタボリックシンドロームとの関係から問題視されています。体脂肪はその分布によって洋ナシ型肥満とリンゴ型肥満に分類されます（**図9-2**）。洋ナシ型肥満は皮下脂肪型肥満といわれ，下腹部，腰のまわり，太もも，おしりなどの皮下に脂肪が蓄積する肥満のタイプです。一度蓄積すると落ちにくいですが，生活習慣病の危険性はリンゴ型肥満より高くありません。洋ナシ型肥満は女性に多い肥満のタイプです。一方，リ

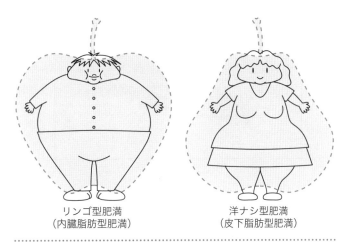

図 9-2　リンゴ型肥満と洋ナシ型肥満
男性にはリンゴ型肥満（内臓脂肪型肥満）が多く，女性には洋ナシ型肥満（皮下脂肪型肥満）が多い。

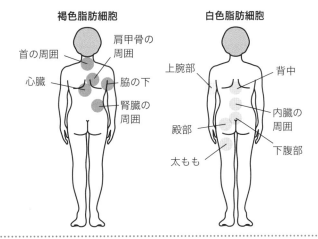

図 9-3　白色脂肪細胞と褐色脂肪細胞の分布
褐色脂肪細胞は，首のまわり，脇の下，肩甲骨のまわり，心臓，腎臓のまわりに分布する。一方，白色脂肪細胞は，全身のあらゆるところにみられるが，特に下腹部，おしり，太ももなどに多くみられる。

ンゴ型肥満は内臓脂肪型肥満といわれ，一般的に外見は太ってみえることも少なく，BMIも比較的低い肥満のタイプです。しかし，内臓脂肪型肥満は動脈硬化などの生活習慣病を引き起こす危険性が指摘されています。リンゴ型肥満は男性に多い肥満のタイプです。

体脂肪には白色脂肪細胞と褐色脂肪細胞があります（**図9-3**）。白色脂肪細胞はからだの表面から触ることができる皮下脂肪と，内臓などに蓄積する内臓脂肪です。白色脂肪細胞はエネルギー貯蔵の役割をになっています。

つまり，食事などで摂取したエネルギーは中性脂肪として血液中に流れます。

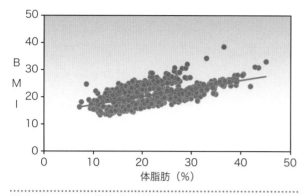

図9-4　BMIと体脂肪の関係
BMIが高くなると体脂肪の量も多い。

この中性脂肪を運動などで消費すれば問題ないのですが，消費されなかった中性脂肪は，体脂肪として白色脂肪細胞に取り込まれます。これにより白色脂肪細胞が大きくなり，結果的に肥満となります。一方，褐色脂肪細胞は首まわりや脇（わき）の下など，からだの限られたところにしか存在しません。褐色脂肪細胞はエネルギーを熱として発散する役割をもっていると考えられています。褐色脂肪細胞は生まれてすぐが最も多く，成人になるにつれて減少していきます。

3. 体重が重いだけでは肥満ではない

　肥満とは，からだのなかに体脂肪が過剰に蓄積した状態をいいます。したがって，単純に体重が多いだけでは肥満とはいいません。アスリートは一般の人に比べ筋肉量が多く，体重が重くなるのは当然です。とはいえ，一般的にはBMIが高くなると体脂肪の量も多く（**図9-4**），自身の体重を把握しておくことは重要です。自身のBMIと体脂肪を理解することは，健康管理のためにも非常に重要です。

4. 筋肉はエネルギーを消費する

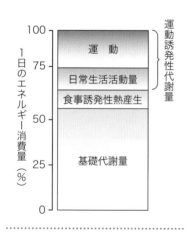

図9-5　1日の総エネルギー消費量
基礎代謝量に運動誘発性代謝量と食事誘発性代謝量を足したものが1日の総消費エネルギー量である。

　筋肉は1日のうちで大きなエネルギーを消費します。それを基礎代謝（きそたいしゃ）といいます。基礎代謝には，肝臓や腎臓などの内臓，脳などで消費されるエネルギーも含まれます。基礎代謝はヒトが生きていくために必要な最低限のエネルギーといえます。20歳前後の男性の1日の基礎代謝量は約1,500 kcal，女性の1日の基礎代謝量は約1,100 kcalです。女性が男性より基礎代謝量が低いのは，筋肉量に関係しています。

　1日の総消費エネルギー量は，この基礎代謝量に運動誘発性代謝量と食事誘発性代謝量を足したものです（**図9-5**）。運動誘発性代謝量とは，通勤や通学，家事，または運動やトレーニングなどで消費するカロリーで，1日の総消費エネルギー量のうち約20％を占めています。食事誘発性代謝量とは，食事によって消費するカロリーです。食事誘発性代謝量には摂取した食事

の消化，吸収，代謝，貯蔵などのエネルギーも含まれ，1日の総消費エネルギー量のうち約10%を占めています。

II. 減　量

1. 減量とは体脂肪を減らすことである

　減量で最も重要なことは，体重を減らすことではなく，体脂肪を減らすことです。減量は摂取カロリーと消費カロリーのバランスで決まります。摂取カロリーが消費カロリーを上まわると体重は増加し，逆に摂取カロリーが消費カロリーを下まわると体重は減少します（**図9-6**）。

　消費カロリーを増やすには，日常での生活活動のエネルギーを増やすことも重要です。しかし，消費カロリーを増やす最大の行動は運動をすることです。特に，ジョギング，ウォーキング，スイミングなどの有酸素性運動は脂肪をエネルギーとするため，効果的な減量には有酸素性運動を行うことが重要となります。脂肪の燃焼に効果的な有酸素性運動の強度は，最大酸素摂取量の60%程度です。それ以上の強度になると運動中の主たるエネルギーは脂質から糖質に移ります。一方，それ以下の強度では脂質利用の割合も総エネルギー消費量も少なくなります（**図9-7**）。すなわち，減量を行うときは少し余裕をもったくらいの強度（ジョギングの場合は少し会話ができるくらいの強度）で有酸素性運動を行うのがよいということになります。

　有酸素性運動と並行して無酸素性運動である筋力トレーニングを行うとさらに

図9-6　摂取カロリーと消費カロリーの関係
摂取カロリーが消費カロリーを上まわると体重は増加し，摂取カロリーが消費カロリーを下まわると体重は減少する。

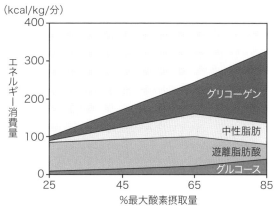

図9-7　運動強度の違いによる糖質と脂質の利用の割合の変化
脂肪の燃焼に効果的な有酸素性運動の強度は，最大酸素摂取量の60%程度である。

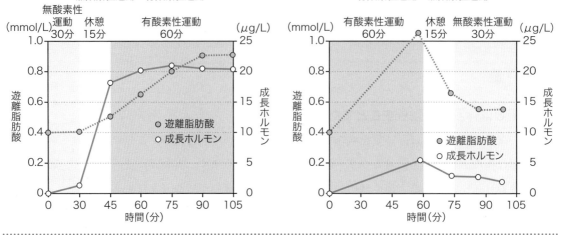

図9-8 有酸素性運動と無酸素性運動の順序と脂質代謝
無酸素性運動の後に有酸素性運動を実施すると脂質代謝が促進し，成長ホルモンの分泌も増加する。

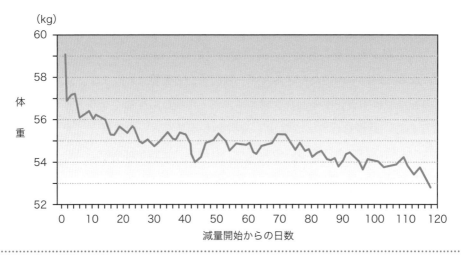

図9-9 減量による体重の変動
減量は2～3ヵ月程度の期間をかけて計画することが重要。

効果が望めます。有酸素性運動と無酸素性運動の組み合わせをコンカレントト
レーニングとかクロストレーニングといいます。無酸素性運動（筋力トレーニン
グ）の後に有酸素性運動を実施すると，脂質代謝が促進します。また，無酸素性
運動の後に有酸素性運動を行うと成長ホルモンの分泌も促進されます。成長ホル
モンは体脂肪を分解します。つまり，無酸素性運動で体脂肪が分解され，有酸素
性運動で血中に送り出された脂肪を燃焼することができます（第8章参照）。し
かし，有酸素性運動の後に無酸素性運動（筋力トレーニング）を行うと，成長ホ
ルモンの分泌が抑制されるので注意が必要です（**図9-8**）。
　また，体脂肪は有酸素性運動を行ったからといって，すぐに減るものではあり

ません。体重は前日の食事やその日の体調などによって日々変動します。しかし，2〜3ヵ月程度継続して行うと，運動開始時に比べて体脂肪は確実に減少します。減量はある程度長期的なスパンで計画することが重要です（**図9-9**）。

2. サウナに入って体重が落ちてもやせたわけではない

　サウナに入って汗をかけば体重は一時的に減少します。サウナはフィンランド発祥の蒸気を用いた蒸し風呂で，室温が70〜100℃に保たれています。ヒトのからだは体温上昇を防ぐのに汗をかくため，からだの水分が減ってサウナ入浴後は一時的に体重が減少します。しかし，ヒトの体水分量は50〜60％に保たれており，汗として体外に出た水分は必ず補わなければなりません。体水分量が維持されなければ，熱中症，熱疲労，筋けいれんなどが起こり，生命に危険が及ぶことさえあります。また，汗をかくと，脂肪や老廃物が汗腺から汗と一緒に出てくると思われていますが，そのようなこともありません。サウナ入浴中は体温が上昇するため，一時的にエネルギー消費が増加したとしてもそれは微々たるものです。

　ボクシング，レスリング，柔道などの階級制がある競技では計量があり，その計量にパスしないことには試合に出場できません。これらの競技では，サウナスーツに身をつつんでジョギングしたり，またはストーブなどを焚いてトレーニングしながら減量に励みます。さらに，極限まで水分の摂取量を減らして100gでも体重を減らそうと努力します。

　そのようなイメージが先行しているせいか，いまだに汗をかくことによって減量しようとする光景を目にします。上に示した階級制競技のアスリートは，極限まで体重を絞り込み，そぎ落とす体脂肪はほとんどありません。そのため，計量にパスすることを目的として，汗をかいて体水分量を減らします。しかし，これらの減量法は十分に科学的に考えられたものであり，計量にパスした後は試合に備えて十分な水分を摂取します。

　このように，階級制競技のアスリートは水分摂取などを制限して，かぎられた範囲で，体重の増減を繰り返しています。階級制競技以外では水分摂取を制限する必要はなく，体重の増減を繰り返す必要もありません。現在ではトレーニング中のみならず，日常生活においても水分摂取の重要性が指摘されています。

3. 効果的な減量はパフォーマンスを下げない

　無理な減量は骨格筋量の減少を伴うことが多く，パフォーマンスが低下します。効果的な減量は，骨格筋量を維持，あるいは増やしながら体脂肪を減らすことで

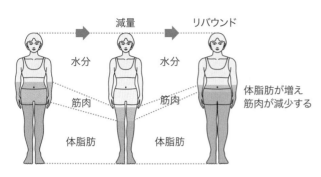

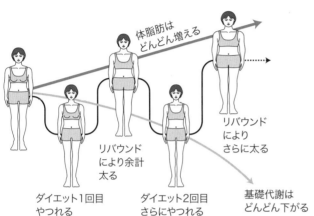

図 9-10　食事制限による減量とリバウンド
食事制限で減量をすると，体脂肪が増え，リバウンドが起こる。

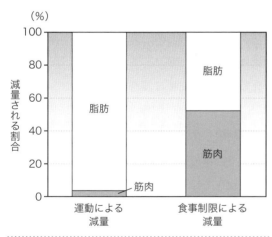

図 9-11　運動による減量と食事制限による減量の効果の比較
食事制限による減量では体脂肪とともに筋肉も減少するが，運動による減量は筋肉量は維持しつつ体脂肪が減少する。

す。減量で用いられるもっとも一般的な方法は食事制限です。ボクシング，レスリング，柔道などの階級制がある競技ではもちろん，器械体操や新体操などの階級制がない競技でも食事制限による減量が行われます。

食事制限による減量を行う場合は，栄養状態を十分に考えなければなりません。特に食事制限による減量はタンパク質分解が増加するため，骨格筋量の低下が起きやすいといわれています。さらに，食事制限で目標体重まで減量し，通常の食事にもどすとリバウンドが起こります（図9-10）。

過度な食事制限（食事をとらなかったり，偏った食事をとる）を行うと，摂食障害の危険性があります。摂食障害とは，神経性食欲不振症（拒食症）と神経性大食症（過食症）の総称です。なかでも神経性食欲不振症は，若い女性が食事制限による減量を行った結果，著しい体重減少をきたし，無月経などのさまざまな症状をまねきます。摂食障害は，美しさを競う器械体操や新体操の女子選手に多くみられるとの報告もあります。摂食障害はアスリートとして競技の継続が困難になることもあり，また，その後拒食症と過食症を繰り返すなど，人生を棒に振る結果になる可能性もあります。食事制限による減量は十分な注意が必要です。

短期間の減量は，身体的にも精神的にも困難を伴う場合が多く，減量した体重を維持することも容易ではありません。また，短期間の減量は免疫機能を低下させることもあります。したがって，アスリートの減量は長期的なスパンで

行わなければなりません。長期的に実施された減量では，無酸素性パワーは減量前と比較してもほとんど変わらない値を示します。最大筋力の発揮においても同様のことが報告されています。

　長期的な減量では，食事制限の占める割合はそれほど多くはなく，運動やトレーニングを十分に行いながら消費カロリーを増やします。食事制限による減量は体脂肪とともに筋肉も減少させますが，運動による減量は筋肉を維持しつつ体脂肪を減少させます（図9-11）。長期的な減量では有酸素性運動と無酸素性運動を有効に利用することができます。つまり，長期的なスパンで行われる減量は骨格筋量を維持した状態で，体脂肪量を減少させることが可能です。このような減量はパフォーマンスを低下させることはありません。

III. 増　量

1. 増量とは筋肉を増やすことである

　増量とは，体重を増やすことですが，体脂肪を増やすことではありません。増量では筋肉を増やすことが重要です。筋肉を増やすトレーニングの代表が筋力ト

Column 9

ヴィーガンアスリートの活躍

　アスリートであれば競技人生のなかで一度は自身のウエイトコントロールについて考えたことがあるのではないでしょうか。なかでも減量は階級制や審美系競技のみならず，多くの競技において体重や体脂肪を減らすために行われます。効果的な減量は，本章で学んだとおり，運動と食事制限（食事内容を検討することも含む）を併用するのが一般的です。

　近年では，健康志向や環境問題に関連して動物性食品を摂取しない"ヴィーガン"（ビーガン：vegan）を実践する人々が世界的に増加しており，精神的に安定したり，心血管疾患のリスクが低下するなどのメリットが認められています。一方，トップアスリートの中にも"ヴィーガン"実践者が存在しています。テニスのトッププレイヤーであるノバク・ジョコビッチ選手（セルビア）は，公言こそしていないもののヴィーガン実践者の1人です。ここ数年で，ヴィーガンに関する研究は精力的に行われており，血流を増加させ活動筋への酸素供給を増やすとともに，酸化ストレスや炎症を減らすことでアスリートのパフォーマンスとリカバリー力を高めることも認められています。

　アスリートはタンパク質やカルシウムの摂取を優先して，肉や乳製品を中心にバランスの良い食事を摂取するというイメージが一般的かもしれません。なかでも，動物性タンパク質はからだをつくるうえで効果的ですが，ヴィーガン実践者のなかにもパワー系競技で活躍するアスリートがいるのも事実です。"からだを大きくするために肉を食べなさい"というのは今は昔なのかもしれません。

Barnard et al., Plant-based diets for cardiovascular safety and performance in endurance sports. Nutrients, 11: 130, 2019.

図9-12　マシンを使った筋力トレーニング
筋肉を増やすために行われる。

レーニングです（**図9-12**）。ウエイトトレーニング，レジスタンストレーニング，ストレングストレーニングなどとも呼ばれています。筋肉を鍛えて増量するにはその強度が重要となります。

　筋力の向上や骨格筋量（筋横断面積）の増加に効果的な負荷は高強度の負荷であり，最大挙上重量（one repetition maximum：1 RM）の75％以上の負荷が必要です。高強度の負荷であってもその負荷や回数を工夫することで，最大筋力が向上したり，骨格筋量が増加したりします。一般的に高強度の負荷とは，8〜10回（75〜80％）程度もち上げることができる負荷のことを指します（**表9-3**）。

　筋力トレーニングは毎日行う必要はありません。筋力トレーニングによってダメージを受けた筋肉は，48時間から72時間かけて修復され，これまで以上のレベルに回復します。これを超回復といいます（**図9-13**）。筋肉は超回復によって効率的に肥大していきます。したがって，筋力トレーニングは最低でも48時間，すなわち2日間程度の間隔を空ける必要があります。筋力トレーニングを

表9-3　筋力トレーニングの強度と回数の関係		
%最大挙上量	**反復回数**	**期待される効果**
100%	1回	
95%	2回	
93%	3回	集中力の高まり（爆発的な）最大筋力
90%	4回	
87%	5回	
85%	6回	
80%	8回	
77%	9回	
75%	10回	筋肥大（反復刺激による）最大筋力
70%	12回	
67%	15回	
65%	18回	
60%	20回	筋持久力
60%以下	20回以上	

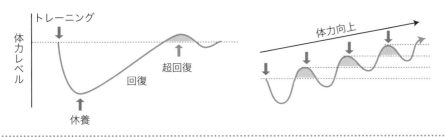

図 9-13　超回復
トレーニング後，適切な休養をとることで，体力レベルが向上する（左図）。そのタイミングで次のトレーニングを行うことで，体力レベルが向上していく（右図）。

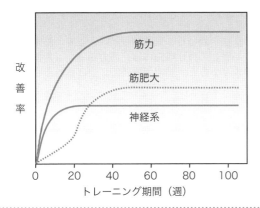

図 9-14　筋力トレーニングと神経系の適応
トレーニング開始初期の筋力の増加は，神経系の適応によるところが大きい。

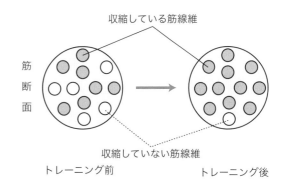

図 9-15　筋力トレーニングによる筋肉の適応変化
筋力トレーニングを開始して数週間経つと使用される筋線維が増える。

毎日行うと，超回復ができなくなり，トレーニング効果が得られません。それどころか疲労が回復せず，パフォーマンスの低下につながります。このような状態を，短期間の場合はオーバーリーチング，長期間の場合はオーバートレーニングといいます。このように，筋力トレーニングは週2〜3回程度行うと，トレーニング効果を得られることになります。

　筋力トレーニングは，超回復を考えながら一定期間継続しなければ筋肥大につながりません。筋力は筋力トレーニングの開始とともに増加します。しかし，トレーニング開始初期の筋力の増加は神経系の適応によるものです（**図9-14**）。筋力トレーニングを開始するとこれまで経験したことのない負荷がからだに加わります。すると，筋肉の量自体は変わらないまま使用される神経の数が増えることになります。そのため，筋力トレーニングを開始して数週間経つと，負荷を軽く感じます（**図9-15**）。そこからさらに負荷を重くして筋力トレーニングを行うと筋肉が肥大してきます。

　また，筋力トレーニング中の筋の収縮様式も重要です。筋力トレーニング中の筋収縮様式としては，負荷を下げる動作である伸張性収縮と負荷をもち上げる

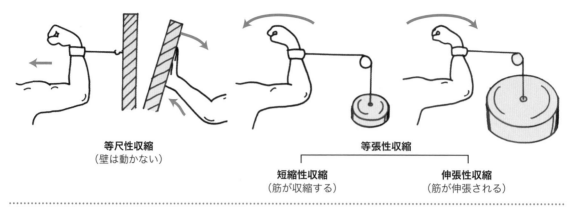

等尺性収縮
(壁は動かない)

等張性収縮

短縮性収縮
(筋が収縮する)

伸張性収縮
(筋が伸張される)

図9-16　筋肉の収縮様式
筋肉は収縮することで力を出す。筋肉が運動を伴わず，筋肉の長さが変わらない収縮を等尺性収縮，筋肉の動的な活動によって筋肉の長さが変わる収縮の総称を等張性収縮という。等張性収縮には，筋力が外力（負荷）より大きく，筋肉が短くなる収縮を示す短縮性収縮と，筋力が外力より小さく，筋肉が強制的に伸ばされる収縮を示す伸張性収縮がある。

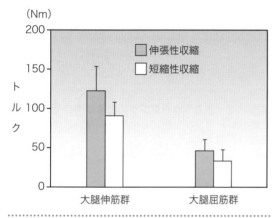

図9-17　伸張性収縮と短縮性収縮の発揮筋力の比較
伸張性収縮は短縮性収縮よりも大きな筋力発揮が可能。トルクとは，回転する力の強さを表わす。

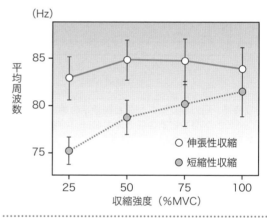

図9-18　伸張性収縮と短縮性収縮の速筋線維の動員の比較
伸張性収縮は短縮性収縮よりも大きな力を発揮する速筋線維が優先的に動員される。

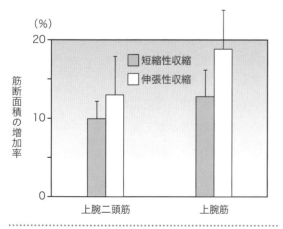

図9-19　伸張性収縮と短縮性収縮の筋肥大の比較
伸張性収縮のほうが短縮性収縮よりも筋肉が肥大する。

動作である短縮性収縮が重要となります（図9-16）。これらの収縮様式は，動きを伴う筋肉の収縮です。一方，動きを伴わない収縮様式は，等尺性収縮と呼ばれます。等尺性収縮は，動作を保持するときなどに行われます。負荷を下げる動作である伸張性収縮は，筋肉が引き伸ばされながら力を発揮する収縮様式です。それに対して，負荷をもち上げる動作である短縮性収縮は，筋肉が縮みながら力を発揮する

収縮様式です。

　伸張性収縮は短縮性収縮よりも大きな筋力発揮が可能で，大きな力を発揮する速筋線維が優先的に動員されます（**図 9-17**，**図 9-18**）。これを，**速筋線維の選択的動員**といいます。また，筋力トレーニングを伸張性収縮，短縮性収縮のどちらかのみで行うと，伸張性収縮のほうが短縮性収縮よりも筋肉が肥大します（**図 9-19**）。つまり，筋力トレーニングにおいては負荷をもち上げる動作も重要ですが，負荷を下げる動作はさらに重要であるといえます。しかし，トレーニングの強度や頻度の組み合わせによって，異なる傾向を示す場合もあります。

2. 効果的な増量はパフォーマンスを上げる

　増量を行う場合は除脂肪体重，すなわち骨格筋量を増量させる方法と，体脂肪量を増量させる方法の2つがあります。いずれの方法も消費カロリーを上まわる食事を摂取しなければなりません。カロリー摂取を増やすには，食事の回数を増やしたり，1回に摂取する食事量を増やすことが必要です。また，高カロリーの食品を摂取することも効果的です。

　陸上競技の投てき種目に代表される瞬発的に大きなパワーを発揮する競技では，骨格筋量を増やした増量はパフォーマンスを上げます。パワーは筋力にスピードを掛け合わせたものです。

$$パワー ＝ 筋力 \times スピード$$

　筋力は骨格筋量（筋横断面積）に比例します。したがって，筋力トレーニングを行い，骨格筋量を増やすことは効果的です。しかし，野球やサッカーなどのプロスポーツで，シーズンオフに筋力トレーニングを行い増量したものの，いざシーズンがはじまると前年の成績を上まわることができないという話をしばしば耳にします。これは，あまりにも強度の高い負荷を上げ続けた結果，筋力や骨格筋量自体は増加したものの，筋収縮のスピードが低下したため，結果的に実際の競技では役に立たない増量を行ってしまったと考えられます。したがって，特にパワーを要する競技では，強度の高い負荷をいかにすばやく上げるかが重要となります。ただ単に強度の高い負荷を上げるだけのトレーニングは，かえってパフォーマンスを低下させることも考えられます（**図 9-20**）。

　体脂肪を増やすことによって，パフォーマンスを上げる競技もあります。その代表的な競技としては，相撲やシンクロナイズドスイミングがあげられます。相撲は土俵上で力士が組み合って，相手を倒すか土俵外に出すことによって勝負が決まる日本古来の競技です。したがって，相撲は体重が重いことが1つの武器

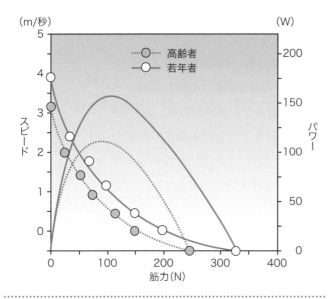

図9-20　筋力とスピードの関係
ただ単に強度の高い負荷を上げるだけのトレーニングは，かえってパフォーマンスを低下させる場合もある。

になります。物質には，その場にとどまろうという力が生じます。物理の専門用語では慣性の法則と呼ばれています。つまり，とどまっている大きな物質を動かすにはそれ相当に力が必要になります。しかし，実際の相撲では，その場から動かないということも重要な要素ですが，取り組みのなかで相手を投げ飛ばす，もち上げる，押し出すという動作が重要です。相撲はこのように体重が重いことはもちろんですが，骨格筋量を増やした増量も併せて行うことが効果的なことはいうまでもありません。

　一方，シンクロナイズドスイミングは，水中で音楽に合わせながら美しさと正確さを競う競技です。シンクロナイズドスイミングは水中で泳ぎ続けながら，上半身や下半身を水面上に出し，正確かつ美しい手さばきや足さばきをみせなければなりません。また，一瞬にして上半身や下半身をもち上げたりもします。つまり，からだを浮かすための浮力が必要となります。それには体脂肪が重要な役割を果たします。一般的な20代女性の体脂肪は20〜30％が適正範囲ですが，シンクロナイズドスイミングの選手たちはアスリートでありながら，一般的な20歳代女性の体脂肪とほとんど変わらないといわれています。シンクロナイズドスイミングの選手たちの練習量はすさまじいものですが，それに比例するかのように食事量もまたすさまじいもので，1日に4,000〜5,000 kcal という，20歳代一般女性の約2倍のカロリーを摂取し体脂肪を維持しています。

3. 筋力トレーニングによる増量はタンパク質の同化と異化のバランスで決まる

　第3章で，筋力トレーニングの度重なる刺激によって筋線維が太くなり，筋肉が肥大することを学びました。筋力トレーニングはそれ自体，タンパク質の合成量を増加させますが，タンパク質の合成を促進させることを同化（アナボリック），タンパク質の分解を促進させることを異化（カタボリック）といいます。タンパク質合成がタンパク質分解を上まわると筋肉が肥大し，タンパク質分解が

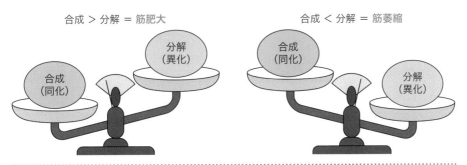

合成 ＞ 分解 ＝ 筋肥大　　　　　　　合成 ＜ 分解 ＝ 筋萎縮

図 9-21　筋肥大と筋萎縮に影響を及ぼすタンパク質の合成と分解の関係
タンパク質の合成が分解を上まわると筋肉が肥大し，タンパク質の分解が合成を上まわると筋肉が萎縮する。

表 9-4 同化と異化にかかわるホルモン		
	同化（アナボリック）ホルモン	異化（カタボリック）ホルモン
作　用	同　化	異　化
種　類	テストステロン 成長ホルモン インスリン	コルチゾール アドレナリン

タンパク質合成を上まわると筋肉が萎縮することになります。筋力トレーニング後はタンパク質の代謝が増加するので，筋内でのタンパク質の合成や分解は安静時よりも早くなります。したがって，筋力トレーニング後のタンパク質分解を抑制し，タンパク質合成を高めなければなりません。筋力トレーニング後にタンパク質やアミノ酸を摂取することがすすめられるのはそのためです（**図 9-21**）。特に筋力トレーニング後 30 分間はタンパク質合成が促進されるため，タンパク質やアミノ酸を摂取するには最適なゴールデンタイムと考えられ，アナボリックウインドウなどともいわれています。

　また，同化と異化はホルモンの影響を受けます。同化ホルモンとしてはテストステロン，成長ホルモン，異化ホルモンとしてはコルチゾールなどが知られています（**表 9-4**）。

　スポーツの世界ではタンパク同化ステロイドは禁止薬物として有名です。いまだにオリンピックをはじめとするスポーツ大会のドーピング検査においてタンパク同化ステロイドが検出され，メダルをはく奪されるアスリートが後を絶ちません。アスリートのなかには命を削ってでも自身の競技力を高めたいと考え，タンパク同化ステロイドを使用してしまうことがあります。このような使用によって選手生命が絶たれてしまうだけでなく，競技引退後の副作用に苦しむ元アスリートも少なくありません。

＊解答は p.188

次の文章のかっこにあてまはる言葉を答えてください。

1. 身体は（　①　），（　②　），内臓，（　③　）で構成されています。それを（　④　）といいます。また，身体は（　⑤　），（　⑥　），（　⑦　），ミネラルの4つの主要成分で組成されています。アスリートにおいては，（　④　）のなかでも（　①　）と（　②　）の関係が重要です。特に（　②　）の増減は（　⑧　）に大きな影響を与えます。

2. 筋肉，（　①　），内臓，骨の総量（脳や体水分量を含む）が体重です。また，（　①　）を除いた部分の総量を（　②　）といいます。内臓や骨の総量はそれほど大きく変動しないので，（　③　）は主に筋肉と（　①　）の量から決定されます。身長と体重のバランス（身長に対する体重の割合）を体格指数〔body mass index：（　④　）〕といい，アスリートにとって重要です。（　④　）は（　⑤　）÷（　⑥　）で計算できます。（　④　）が（　⑦　）であることが最も適正な体重であると考えられています。

3. 体脂肪は（　①　）と内臓脂肪に分けることができます。特に内臓脂肪は（　②　）シンドロームとの関係から問題視されています。体脂肪はその分布によって洋ナシ型とリンゴ型に分類されます。洋ナシ型は（　①　）型（　③　）といわれ，下腹部，腰のまわり，太もも，おしりなどの皮下に脂肪が蓄積する（　③　）のタイプです。一方，リンゴ型は内臓脂肪型（　③　）といわれ，一般的に外見は太ってみえることも少なく，（　④　）も比較的低い（　③　）のタイプです。しかし，内臓脂肪型（　③　）は動脈硬化などの（　⑤　）を引き起こす危険性が指摘されています。

4. タンパク質の合成を促進させることを（　①　），タンパク質の分解を促進させることを（　②　）といいます。タンパク質合成がタンパク質分解を上まわると筋肉が（　③　）し，タンパク質分解がタンパク質合成を上まわると筋肉が（　④　）することになります。

第10章

外的要因とスポーツ

　競技会や試合は常に同じ環境で開催されるわけではありません。

　高地で行われる場合もありますし，暑い環境で開かれる場合，寒い環境で開かれる場合などさまざまです。また，外国で開催された場合には時差があります。

　このようなからだの"外"の環境のことを"外的要因（外的環境）"ということがあります。外的要因はパフォーマンスに大きな影響を与えることが知られていますし，近年では，高地トレーニングなどのように，外的要因の変化を利用したトレーニングもなされています。

　この章では，外的要因，なかでも温度，高度が身体およびパフォーマンスに与える影響について説明します。

I. 暑熱，寒冷

1. 体温は熱の獲得と喪失で決まる

　熱中症あるいは脱水といった事故は，体温が異常に上昇することが原因で起こり，特に夏季や室内でのスポーツ活動中に多発します。図10-1 に体温を決める要因を示します。体温は熱の獲得と喪失のバランスで決定されます。たとえば，強度の高い運動をすることで体内から発生される熱が増加します。その量は安静時の20 ～ 25 倍程度であるといわれています。スポーツ活動中の熱産生は避けられないため，からだからの熱の喪失の仕組みを理解し，積極的にからだから熱を逃がすことが重要です。

　からだからの熱喪失の仕組みには，伝導，対流，輻射，蒸発があります。熱の伝導とは，2 つの異なるものが接しているとき，片方からもう片方へ熱が伝わることで同じ温度になろうとすることです。からだでは，特に体表面と空気との間で熱伝導が起こります。空気中で熱伝導が起こるとき，冷たい空気が下に流れ，暖かい空気が上昇する現象が起こります。これが対流です。輻射は接していないもの同士での熱のやり取りで，たとえば，太陽は遠く離れていますが，地球上で輻射による熱を受けています。体表面からも特に何かに接していなくても輻射熱が発生して熱を喪失しています。スポーツ活動中は特に発汗し，その汗は蒸発します。特に発汗をしていなくても，ヒトからは常に皮膚や呼気中から水分が蒸発しています（不感蒸泄）。水分が蒸発する際は周辺から気化熱を奪うため，周辺の温度は低下します（図10-2）。

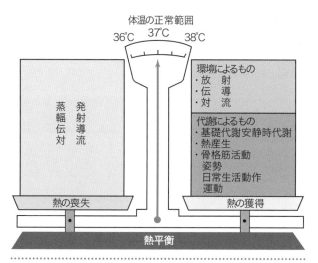

図10-1　熱の獲得・喪失の要因
体温は熱の獲得と喪失のバランスで決定される。特にスポーツ活動中は，骨格筋活動による熱産生（熱の獲得）が大きくなる。そのため積極的な熱の喪失が重要となる。

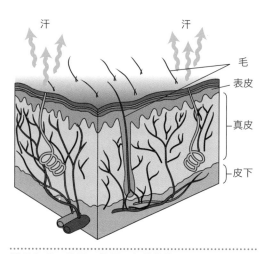

図10-2　発汗の仕組みと蒸発熱
汗が体表面から蒸発するときに蒸発熱を奪うことで体温の低下をもたらす。

表 10-1　体温の変化に対する生体の応答

	対寒反応（体温低下）	対暑反応（体温上昇）
行動性反応	着衣	脱衣
自律性反応	血管収縮 ふるえによる熱産生 代謝亢進による非ふるえ熱産生	血管拡張 汗による蒸発熱 口腔からの熱放散

2. 高温あるいは寒冷環境に対するからだの反応は視床下部によって調節される

　ヒトが高温環境あるいは寒冷環境に置かれたときの対暑反応と対寒反応は，ともに自律性反応と行動性反応に分かれます。自律性反応に関しては，寒冷環境下での皮膚血管の収縮や筋肉のふるえ，暑熱環境下での皮膚血管の拡張や発汗があげられます。行動性反応であれば，衣服の着用やエアコンの使用などがあげられます（**表 10-1**）。

　対暑あるいは対寒反応における自律性反応の 1 つは皮膚血管の収縮と拡張です。体内の温度は場所によって異なり，内部（深部体温，核心温度）ほど高く，表面（外殻温度）ほど低いことがわかっています。特にからだの表面は外界との熱のやり取りがあるため，その温度が低くなると考えられます（**図 10-3**）。一方で核心温度は，内臓や神経を保護する観点から一定に保たれることが重要です。血液は全身を巡っており，特に寒冷下では皮膚表面直下の血液はその熱が奪われます。そのため寒冷環境下では，皮膚血管が収縮し，血液中の熱が奪われることを防ごうとします。暑熱環境下ではその逆の反応が起こります。

　対暑あるいは対寒反応における自律性反応には筋肉のふるえや発汗もあげられます。筋肉は安静時であっても熱を発生していますが，収縮することでより多くの熱を発生します。寒冷環境下でからだがふるえるのは，筋収縮を起こさせることで，体内により多くの熱を発生しようとする働きが起こるためです。逆に暑熱環境下では汗が出ることも経験します。汗は体表面で蒸発するときに蒸発熱を奪うことで体温の低下をもたらすことができます（**図 10-2**）。特に運動中は体内での熱発生が大きくなるため，発汗量を増やすことで体温の上昇を抑えるということになります。このように，寒冷あるいは暑熱環境に対して，生体は無意識的にその体温を一定にす

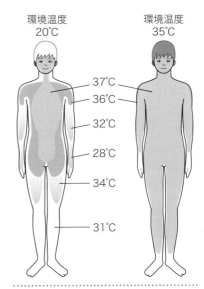

環境温度　　　　　　環境温度
20℃　　　　　　　　35℃

37℃
36℃
32℃
28℃
34℃
31℃

図 10-3　外殻温度と核心温度
環境温度を 20℃ と 35℃ に設定した場合の身体内部の温度。

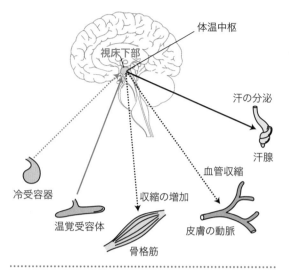

図 10-4　体温中枢の場所と働き
温度を調節する中枢は脳の視床下部にある。視床下部
に温度の上昇（ → ）と低下（ ⋯► ）の情報が伝えら
れると，体温を高めたい場合は筋肉のふるえをおこし
（ ⋯► ），低くしたい場合は汗を出させるような命令を
送る（ → ）。

るように応答しているということがわかります。

　体内（特に脳，腹部内臓，骨など）には，温度を感じるセンサーが分布しています。それらのセンサーは，温度を調節する中枢にその情報を伝えます。温度を調節する中枢は脳の視床下部にあります（**図 10-4**）。視床下部には温度の上昇と低下のそれぞれの情報が伝えられ，その情報をもとに体温を高めたい場合は筋肉のふるえを起こします。逆に体温を低くしたい場合は汗を出させるような命令を送ります。体温中枢は対寒および対暑反応における自律性反応を調節します。

3. 運動強度が高くなると体温も高くなる

　運動中は，運動に用いられている筋群へ酸素を運ぶために，運動に使われている筋群への血流が増加しようとします。その際，運動と直接はかかわりがない皮膚の血流は減少することが知られています。一般に暑熱環境下では，高くなった体温を下げるために体表面の血流を増加させて血液を冷却しようとしますが，運動中は筋肉への血流が増加するため皮膚血液による熱放散は期待できず，主に発汗が熱放散による体温低下の役割を果たすことになります。

　運動強度と体温（直腸の温度）との関係を**図 10-5**に示します。酸素消費量の大きな運動をすればするほど体温は上昇することがわかります（**図 10-5A**）。さらに対象者各自の最大酸素摂取量を基準にした相対的な運動強度を横軸にすると，運動強度に対する体温の上昇は個人差が小さいこともわかります（**図 10-5B**）。すなわち，酸素消費量ではなく，個々人の能力に見合った運動強度の増加に応じて体温も上昇するということがわかります。

　一般に核心温度の過度な上昇はパフォーマンスの低下をもたらすため，暑熱環境に対する対策として核心温度を積極的に下げる試みが行われています。核心温度を下げる方法として，ここではアイススラリー摂取の結果を紹介します。アイススラリーとはかき氷と水がまざったような飲料です。**図 10-6**に示したように，運動開始前にアイススラリーを摂取すると核心温度が低下しました。その後運動を開始するとアイススラリー摂取の有無にかかわらず核心温度は上昇しまし

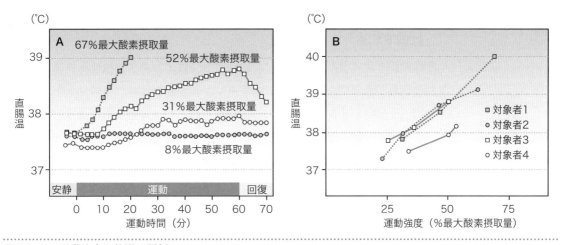

図 10-5　運動強度と体温の関係
酸素消費量の大きな運動をすればするほど体温は上昇する（**A**）。最大酸素摂取量を基準にした運動強度で比較すると，運動強度に対する体温の上昇の個人差は小さい（**B**）。

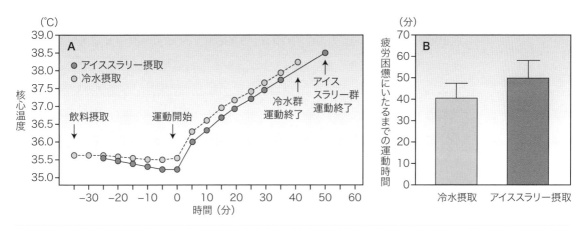

図 10-6　運動開始 45 分前に体重 1 kg あたり 7.5 g のアイススラリーあるいは冷水を摂取後 50% V̇O₂max で運動をしたときの核心温度の変化（A）と疲労困憊にいたるまでの運動時間の差（B）
アイススラリー摂取群は冷水摂取群より核心温度が低下した。また，疲労困憊ににいたるまでの時間もアイススラリー摂取群のほうが長かった。

たが，非摂取群のほうが核心温度の上昇が早いために疲労困憊に早く到達しました。アイススラリー摂取群は核心温度の上昇が緩やかであるため，結果的に疲労困憊にいたるまでの時間が延長しました。

　暑熱環境に対する順化も知られており，ある一定期間暑熱環境下で運動することにより，暑熱環境下における安静時の内部体温の減少や血清量の増加，運動時の発汗量の増加，汗からの電解質の喪失量の低下などが起こるとされています。これらの適応は，暑熱下でのパフォーマンスを維持・向上させます。特に血清量の増加は，血液の体積の増加をまねくため静脈血を増加させ，結果的に心臓の 1 回拍出量の増加とともに心拍数の低下をもたらすため重要であるといわれています。

4. 寒冷下では筋肉のふるえにより体温を上げるため，パフォーマンスは低下する

寒冷条件下，とりわけ水中では体温が著しく低下します。特に水は空気に比べて熱の伝導が大きいため，水中ではすみやかに体熱が奪われていきます。

環境温度が低い状況では，筋肉がふるえを起こして体温を上げようとするということはすでに述べましたが，運動中であっても同様の現象がみられます。その結果，同じ運動強度であっても，酸素消費量は環境温度が低いほど大きくなることが知られています。これは課題とする運動強度に加えて筋肉のふるえが発生するため，その分が余計な酸素消費量として加えられるためです。

II. 高 地

1. 高地環境では空気と酸素の量が低下する

1968年のオリンピックや1970年，1986年のサッカーワールドカップはメキシコシティで開催されました。メキシコシティは高度2,000 m以上であり，海面の高さ，すなわち海抜0 mの場所と比べると，空気および酸素の量が3/5程度になります。個人差は大きいものの，メキシコシティを訪れ，いわゆる"高山病"になる人が多くみられます。高山病は頭痛，吐き気，腹部膨満，動悸，息切れ，倦怠感，不眠などの症状があげられ，その原因は酸素不足であるといわれています（図10-7）。

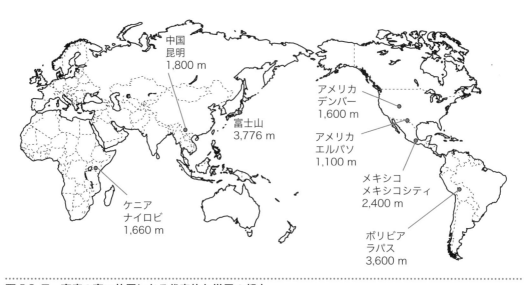

図10-7 高度の高い位置にある代表的な世界の都市

天気予報などで使われる気圧という
言葉は，文字どおり気体の圧力です。地
球上は空気でおおわれているため，海
面（海抜 0 m）に近いほどより多くの
空気が頭上にあり，逆に海面から上空
に行くほど頭上の空気は減ります。空
気にも重さがありますので，頭の上の
空気が多いほど空気からの圧力，すな
わち気圧は高くなります。したがって，
海面よりも高い位置に行く，すなわち
高地に行けば行くほど頭上の空気の量
は減り，結果的に気圧も低下するとい
うことになります（図 10-8）。

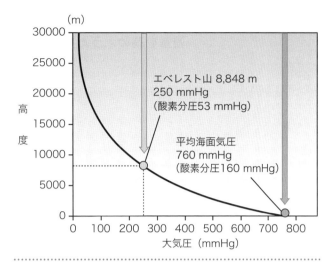

図 10-8　高度と気圧の関係
高地に行けば行くほど気圧は低下する。

前述のように，気圧は空気の量を表
わします。空気中の酸素の割合は，高
地であろうと海面であろうと変わりま
せん。したがって，ある高度での空気
中の酸素の量は，その場の気圧に比例
します。高度と気圧，酸素分圧の関係
を図 10-9 に示します。

3,000 m 程度の高地では，気圧と酸
素分圧は海面の 2/3 以下になります。
図 10-9 には，動脈血液中のヘモグロ
ビンがどれだけ酸素と結合しているか
を表わす酸素飽和度も示しました。海

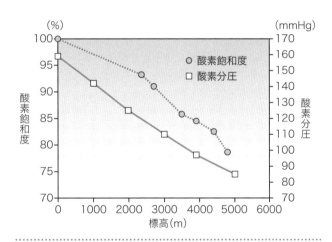

図 10-9　標高と酸素分圧，酸素飽和度の関係
3,000 m 程度の高地では，気圧と酸素分圧は海面の 2/3 以下
になる。

抜 0 m の地点では 97％の酸素飽和度ですが，海抜 6,000 m まで行くと 70％に
まで低下します。前述のメキシコシティ程度（海抜 2,000 m）の高地では，酸
素飽和度は一般に 90％前後ですが，高山病の症状を呈する場合があることを述
べました。

以上のように，高地では空気およびそのなかの酸素量が低下するため，からだ
のなかの酸素量が不足して，結果的にさまざまな症状が出るということになりま
す。高地では，気温の低下などによる体内からの水分の喪失も重要ですが，ここ
では主に酸素不足による影響を考えていきます。

2. 酸素濃度が低下すると呼吸や循環および血液の変化により体内酸素運搬を高めようとする

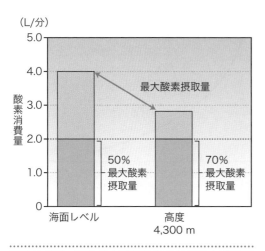

（L/分）

酸素消費量

最大酸素摂取量

50%
最大酸素
摂取量

70%
最大酸素
摂取量

海面レベル　　　　高度
4,300 m

図10-10　平地および高地における最大酸素摂取量などの変化
高地では，最大運動時での心拍数および1回拍出量が減少する結果，最大酸素摂取量も減少する。したがって，同一強度の運動でも，高地でのほうが相対的な負荷は大きくなる。

高地での酸素不足に対して短期的，あるいは長期的にからだが変化して，その環境に適応しようとします。このことを高地順化といいます。高地順化の1つは，気体中の酸素不足を補うために，体内でより多くの酸素を循環させようとする変化です。体内により多くの酸素を循環させるためには，呼吸回数を多くして酸素を取り込む量を増やすことと，取り込んだ酸素をより多く循環させるために血液をより多く流すことの両方が起こります。また血液自身の性状も変化し，より多くの酸素を運ぶために赤血球数が増加します。

血液循環には心臓の機能が深くかかわっています。短期的には高地において1回拍出量は変化しないものの，心拍出量や心拍数は増加します。すな

みんな地球に生きている

スポーツに影響を与える外的要因として，この章では温度，高地などを取り上げました。これらはスポーツ生理学分野で研究が進んでおり，かつ重要性が高い項目であると判断して本章を構成する単元としました。ところが国際化が進んだ今日では，外的要因として時間生物学が重要な意味をもっています。

時間生物学というと少し難しそうですが，時差ぼけといわれるとなじみがあるのではないでしょうか。海外転戦を繰り返すトップアスリートにおいて，この地球上で競技を続けるかぎり時差の存在は避けて通れません。時差に適応することこそが海外転戦における成功の重要な要素であるということを，コーチに聞いたこともあります。

現在では体内時計を調節する時計遺伝子がみつかっていて，この時計遺伝子は地球上に生きている生物のほぼすべてにあることがわかっています。そもそも地球は約24時間で自転し，約1年で太陽のまわりを公転します。地球上に生きている生物は，ほぼ1ヵ月で地球のまわりを公転する月を含め，この地球の動きに伴う影響にすべて従わざるをえません。逆にこの環境に適応できなかった生物は淘汰されているともいえるでしょう。

時間生物学とスポーツの関係はこれから研究が進展する分野だと思われます。時差ぼけを解消してベストパフォーマンスを発揮するにはどうすればいいのか，そもそもトレーニングはどの時間帯に行うべきなのかといった応用的な内容から，身体活動と体内時計のかかわりといった，この地球上に生きる生物に共通した根源的な内容まで，今後の進展が楽しみな分野だと思われます。

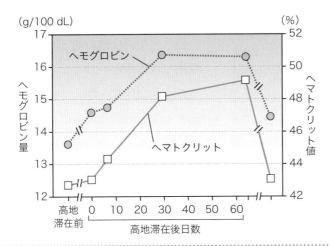

図10-11 高地滞在によるヘモグロビン量およびヘマトクリット値の変化
高地に長期滞在すると血中のヘモグロビン量と赤血球数が増え，酸素をより多く運搬しようとするため，ヘマトクリット値（血液内の赤血球の割合）が上昇する。高地滞在を終えて平地にもどると，ヘモグロビンもヘマトクリットも高地滞在前の値にもどる。

わち，心臓は単位時間あたりの血液排出量を増加させて，循環血液量を増やすことで酸素をより多く送り込もうとします。しかし，高地住民など長期的に生活している人では，心拍出量の増加は必ずしも確認されていません。心拍数に関しては上昇傾向にあり，1回拍出量は低下傾向を示します。

　最大運動時での心拍数および1回拍出量は高地では減少します。その結果高地では最大酸素摂取量も減少します（**図10-10**）。したがって，同一強度の運動をしても，高地での運動のほうがその相対的な負荷は大きくなります。

　高地では，水分の蒸発が著しいため，短期的には血液内の血清の量が減少します。血液内の赤血球の割合を示すヘマトクリット値は，血清の量が減少するため相対的に上昇します。長期的には血中のヘモグロビン量および赤血球数が増えて酸素をより多く運搬しようとするため，やはりヘマトクリット値は上昇します（**図10-11**）。赤血球数の増加に加えて毛細血管数の増加などが起きて，末梢組織への酸素運搬の効率化が図られます。

3. 高地トレーニングは主に血中ヘモグロビン量や赤血球の増加を期待したトレーニングである

　前述したとおり，高地に移動することで呼吸，循環にさまざまな変化がみられます。そのなかで特に顕著であるのはヘモグロビン量や赤血球数の増加です。高地では酸素濃度が少ないために，赤血球数を増やすようなホルモン（エリスロポエチン）が血中に増加し，その結果，赤血球数が増加するすることが原因である

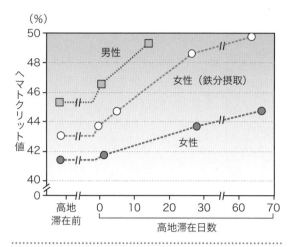

図 10-12　高地トレーニングによるヘマトクリット値の男女による違いと鉄分摂取の影響
高地トレーニングは, 男性のほうが効果が大きい。また, 鉄分補給をしながら高地トレーニングをすると, 効果が高くなる。

と考えられています。

　持久的能力は酸素をどれだけ多く骨格筋に運搬できるかということと直接関係しているので, 赤血球数が増えることは特に長距離ランナーなど競技時間の長い選手にとっては有利に働きます。高地トレーニングの主眼の1つも赤血球数を増やすことにあると考えられます。ところが, 先述のとおり高地では最大酸素摂取量も低下するため, 低地と同程度の高負荷のトレーニングを行うことができません。また, 高地トレーニングを終了した後, 低地にもどると, 増加した赤血球数がもとにもどってしまいます。低地と同じ量のトレーニング量をこなし, かつ低酸素環境によって赤血球数の増加を得るために, "living-high, training-low"というトレーニング方法が考案されました。これは低地で高い強度の練習を行って, 高地で生活をするという考え方です。特に近年, 低酸素室などの開発によりこの方法が実施可能になりました。実際, このliving-high, training-lowによるトレーニングを行った群は, 低地でのトレーニングのみを行った群と比較して, よりよいパフォーマンスが得られるとの報告もなされています。ただし, この高地トレーニングに関しては, 性差があることが明らかになっていて, 特に男性においてその効果が大であることがわかっています (**図10-12**)。同様に高地トレーニングを行ってもまったく変化がみられない選手もいます。反応性が悪い選手を改善する1つの方法として, 比較的よくわかっているのは鉄分の補給です。実際, 鉄分補給をしながら高地トレーニングをした場合, 高地トレーニングの効果が高くなることが, 女性アスリートにおいて報告されています。鉄分が少ないいわゆる低栄養状態のようなコンディショニングの良し悪しが, 効果を決定していると考えることもできるかもしれません。いずれにしても, 高地トレーニングに対する応答性には大きな個人差が存在するといえます。

　本来, 低酸素環境自体が生体にとっては大きな負担であることを考えると, 高地トレーニングは医学的にしっかりと管理された体制のもとで行うことが重要であるといえます。

確認問題

＊解答は p.188

次の文章のかっこにあてはまる言葉を答えてください。

1. 熱中症あるいは脱水は体温が異常に（　①　）することが原因で起こり，特に夏季や室内でのスポーツ活動中に多発します。体温は熱の獲得と喪失のバランスで決定されます。からだからの熱喪失の仕組みには，2 つの異なるものが接しているとき片方からもう片方へ熱が伝わる（　②　），冷たい空気が下に流れ暖かい空気が上昇する（　③　），接していないもの同士での熱のやり取りである（　④　），水分の気化による（　⑤　）の 4 つがあります。

2. 体内の温度は場所によって異なり，内部の温度である（　①　）ほど高く，表面の温度である（　②　）ほど低いことがわかっています。特に（　①　）を一定に保つことが内臓や神経の保護をする観点から重要です。体内には温度を感じるセンサーが分布しています。それらのセンサーは温度を調節する中枢にその情報を伝えます。温度を調節する中枢は（　③　）にあります。酸素消費量の大きな運動をすればするほど体温は（　④　）します。一般に（　①　）の過度な上昇はパフォーマンスの低下をもたらすため，（　①　）を積極的に下げる試みが行われています。

3. 高地ではいわゆる高山病になる人が多くみられます。その原因は（　①　）不足であるといわれています。高地では（　①　）濃度が少ないため，赤血球を増やすようなホルモンである（　②　）が血中に増加し，その結果赤血球数が増えます。高地トレーニングの目的の 1 つは（　②　）や赤血球数の増加による（　①　）運搬能の増加にあります。

第11章

内的要因とスポーツ

世界のトップで活躍するようなアスリートであっても，やがて第一線から退くときがきます。また，同じようなトレーニングを行っていても，その効果が早く出る選手やなかなか出ない選手もいます。さらに，昨今，女性のスポーツ進出には目覚ましいものがありますが，パフォーマンスには男女差が存在します。

このようなからだの老化，遺伝的要因，あるいは男女差のことを"内的要因（内的環境）"と呼ぶことがあります。

この章では，競技力やトレーニング効果を規定する因子であるからだの内的環境について理解を深めるため，加齢，遺伝子，性差と運動の関係について解説します。

I. 加齢に伴う身体諸機能の変化

1. 子どもの身体機能は発育期にめまぐるしく変化する

　身長，体重，内臓などは，乳幼児期までに急激に発達します。その後，発達は次第にゆるやかになりますが，第二次性徴期にかかる思春期に再び急激に発達し，成人の体型，体格へと発達します。神経系は生後間もなくから急激に発達し，4〜5歳までには成人の80%程度にまで達します。免疫機能は生後から12〜13歳ころまで発達し，思春期のころには大人の免疫機能のレベルを超えるほど成長します。思春期以降は徐々に低下し，成人のレベルに落ち着きます。生殖機能は小学校前半まではわずかに成長するだけです。しかし，14歳ころから男性は男性ホルモンの分泌が，女性は女性ホルモンの分泌が増加し急激に発達します。このころに男性は男性らしい，女性は女性らしい体型へ変化します（**図 11-1**）。

2. 発育期における運動能力は 10 代に完成する

　ヒトは生後1歳ころになると"立つ"動作を獲得し，間もなく"歩く"ことが可能になります。そして，2歳ころに"走る"動作を，3歳ころには"跳ぶ"動作を獲得します。また，同時期に"投げる"動作を獲得します。これらの動作の獲得とともに筋・神経系も発達していきます。ヒトは3歳ころまでに"走る""跳ぶ"といった基本的な運動能力を獲得した後，4歳以降はさらに複雑な運動能力を習得していきます。複雑な運動能力は遊び，運動，スポーツなどを通して習得していくと考えられており，幼児期からの身体運動は非常に重要です。このような経験を通して10代のころにはほとんどの運動能力が習得されます（**図 11-2**）。

　しかし，小さいころからの運動不足が原因で，基本的な運動能力が身につかない児童も増えています。その原因には家庭用ゲーム機器の普及や塾への入塾率の増加などがあげられます。これらの影響は運動能力に現われています。

　特に近年ではタブレット端末やスマート

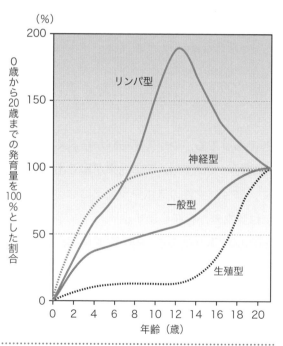

図 11-1　スキャモンの発育曲線
リンパ型は免疫力をになう組織の成長，神経型は脳など神経系の発達，一般型は身長，体重，臓器の発達，生殖型は性器の発達を示す。

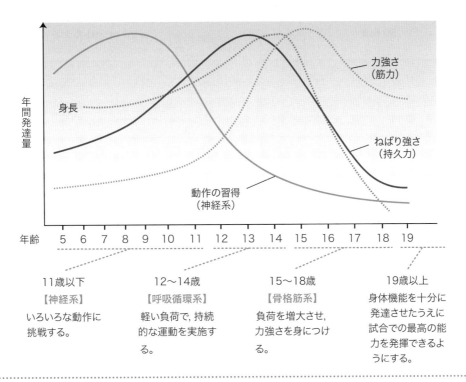

図11-2　運動機能の発達
ヒトは，3 歳ころまでに基本的な運動能力を獲得した後，4 歳以降は，遊び，スポーツなどを通してさら
に複雑な運動能力を習得していく。10 歳代には，ほとんどの運動能力が習得される。

フォンのスクリーンタイム（映像視聴時間）が運動能力に影響を及ぼすことが指
摘されており，小学生の男女ともにスクリーンタイムが 1 時間未満の児童に対
して，スクリーンタイムが増加するごとに体力テストの合計点数が低下していま
す（図11-3）。また，毎年スポーツ庁から発表されている " 全国体力・運動能力，
運動習慣等調査結果 " では，例年のように子どもの体力低下が報告されています

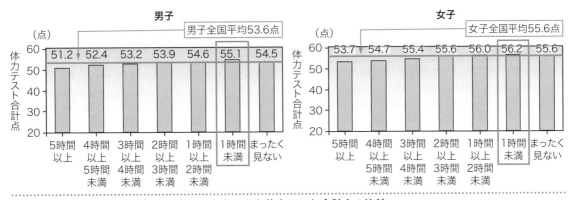

図11-3　小学生（5 年生）のスクリーンタイムと体力テスト合計点の比較
スクリーンタイムが増加するごとに体力テストの合計点数が低下している。

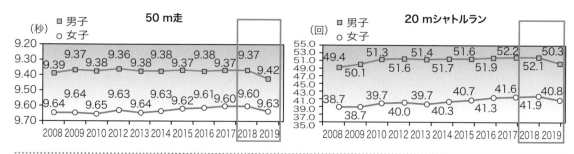

図11-4 2008（平成20）年度から2019（令和1）年度までの小学生の50 m走と20 mシャトルランの記録の推移
例年のように子どもの体力低下が報告されている。

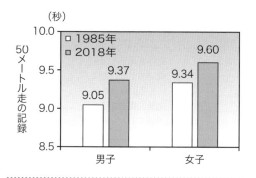

図11-5 1985（昭和60）年度と2018（平成30）年度の50 m走の記録の比較
瞬発力，筋力，パワーなどを必要とする50 m走の平均タイムは，男子でも女子でも低下している。

（**図11-4**）。たとえば，瞬発力，筋力，パワーなどを必要とする50 m走の平均タイムは，男子で1985（昭和60）年度の9.05秒から2018（平成30）年度の9.37秒へ，女子で1985年度の9.34秒から2018年度の9.60秒へ低下しています（**図11-5**）。

3. 子どもの筋機能分化は，小学校中学年以降に生じる

　第3章で骨格筋の筋線維タイプは，大きく速筋線維と遅筋線維の2種類に分類できることを学びました。この2種類の筋線維タイプの割合は，基本的には遺伝で決まりますので，生まれてきた時にはすでに決定しているということになります。ところが，小学校低学年くらいまでは，筋線維がどちらのタイプなのかをタンパク質レベルで分類することができても，機能上は分類することができません。子どもは，速筋線維と遅筋線維の特性が現われず，すべて遅筋線維として使います。つまり，高強度の運動でもエネルギー供給は主に有酸素系で行われます。筋肉の機能分化が生じるのは，小学校中学年くらいからといわれています。

　小学校低学年くらいまでは，いくら運動しても筋肉痛になることはありません。それは，筋肉の特性もありますが，大人よりも子どものほうが筋肉の断面積あたりの体重が小さいことも理由の1つです。子どもは身長が低くて体重が軽いために，筋肉にかかる負担が小さくなるからです。

4. 加齢に伴い身体機能は低下する

　老化は加齢に伴う身体諸機能の変化です。一般的には40歳代から50歳代に

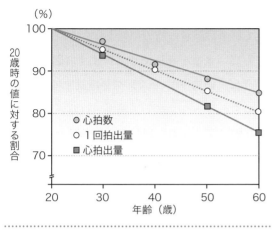

図 11-6　加齢に伴う心機能の変化
加齢に伴って心拍数，1 回拍出量および心拍出量は低下する。

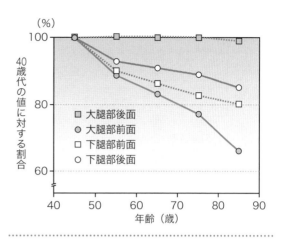

図 11-7　加齢に伴う大腿筋群の筋量の変化
加齢に伴って大腿部前面の筋量は著しく低下する。

かけて著しくその影響が現われます。加齢により運動能力をはじめ，筋肉・骨格，呼吸循環といった身体の諸機能が低下します（**図 11-6**）。

5．加齢は運動機能を低下させる

　筋力は 20〜30 歳代でピークを迎えた後，加齢に伴い徐々に低下しはじめます。筋力の減少は骨格筋量の減少と関係しています。この骨格筋量の減少は筋線維の数が減少することと，筋線維自体が萎縮することが原因といわれています。なかでも遅筋線維に比べて速筋線維の萎縮が著しく起こります。これは神経支配の影響が大きいと考えられています。つまり，神経−筋単位（運動単位）活動が低下するためです。そのため，高齢者はすばやく動く能力が低下してしまいます。

　骨格筋量の変化を大腿部に着目してみてみると，大腿屈筋群（大腿二頭筋など）よりも大腿伸筋群（大腿四頭筋など）で認められます（**図 11-7**）。大腿伸筋群は重力に逆らって動作を行う抗重力筋といわれています。つまり，抗重力筋が低下することで " 立つ "" 歩く " などの日常生活を含めた身体活動が十分に行えなくなります。

　加齢によって運動機能が低下すると，日常生活も含めた活動が十分にできなくなります。不活動の状態が続くと骨格筋量が減少し，転倒の危険性やそれが原因で寝たきりになることもあります。このような状況はさらに運動不足に陥る悪循環をまねきます。加齢に伴う骨格筋量の低下は老化性筋減少症（サルコペニア）といわれ，社会問題になっています。

　加齢に伴う筋力や骨格筋量の低下を最小限に食い止めるためには，筋力トレー

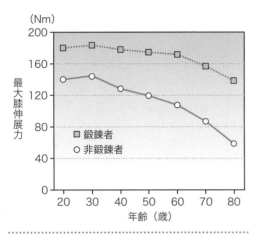

図 11-8　鍛錬者と非鍛錬者の筋力の変化
筋力トレーニングを継続することで，高齢者でも
トレーニング効果が得られる。

ニングが効果的です。高齢者でも筋力トレーニング
を行っている鍛錬者の筋力の低下は少なく，非鍛錬
者よりも高い水準を維持できています（**図 11-8**）。
このように，筋力トレーニングを継続することで，
高齢者でもトレーニング効果が得られるのです。し
かし，高齢者が若年者と同じような負荷を用いて筋
力トレーニングを行うのは，運動器や循環器に対す
る危険を伴います。そのため近年では，高齢者に対
して低強度筋力トレーニングを行うことが推奨され
ています。これまで，低強度筋力トレーニングは筋
量や筋力の増強に効果的でないといわれていました
が，近年の研究において負荷の上げ下げをゆっくり

行ったり，疲労困憊まで行ったりすると高強度筋力トレーニングと同程度の効果
が得られることがわかりました。このように低強度筋力トレーニングは高齢者の
サルコペニア予防に効果的であると考えられます（**図 11-9**）。

　筋力トレーニングを行う場合には開始時期も重要です。近年では“貯筋”とい
われるように若年期や壮年期に筋肉をしっかり貯えることが推奨されています。
しかし，若年期や壮年期にまったく運動習慣がない高齢者においても，高齢期に
入ってから筋力トレーニングを実施するとその効果が得られることもわかってい
ます。また，後期高齢者（75 歳以上）が筋力トレーニングを実施した場合は大
きな効果が期待できないことも報告されており，できるだけ早期の開始が重要か

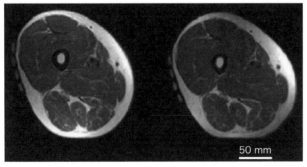

トレーニング前　　　　　トレーニング後

図 11-9　低強度筋力トレーニング前後の筋横断面積の比較
低強度筋力トレーニングでも，負荷の上げ下げをゆっくり
行ったり，疲労困憊まで行ったりすると高強度筋力トレーニ
ングと同程度の効果が得られる。低強度の筋力トレーニング
でも高齢者のサルコペニア予防に効果的であると考えられ
る。

もしれません。
　最大酸素摂取量は 20 歳代中ごろにピー
クを迎えた後，加齢に伴い徐々に低下し
はじめます（**図 11-10**）。最大酸素摂取
量などの呼吸機能の低下は，肋間筋や横
隔膜など呼吸運動に関与する筋肉の機能
低下などが原因と考えられています。
　加齢に伴う最大酸素摂取量の低下を最
小限に食い止めるためには，ジョギング
などの有酸素性トレーニングが効果的で
す。高齢者でも有酸素性トレーニングを
行っている鍛錬者の最大酸素摂取量の低
下は少なく，非鍛錬者よりも高い水準が

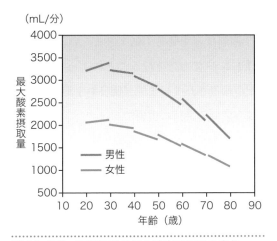

図 11-10　加齢に伴う最大酸素摂取量の変化
最大酸素摂取量は 20 歳代中ごろにピークを迎え，
加齢に伴い徐々に低下する。

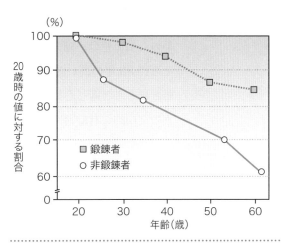

図 11-11　鍛錬者と非鍛錬者の最大酸素摂取量の変化
定期的に有酸素性トレーニングを行っている鍛錬者の最
大酸素摂取量の低下は少ない。

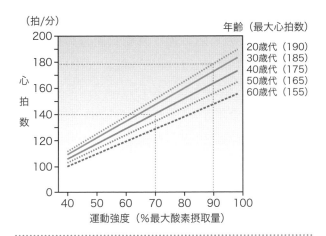

図 11-12　加齢に伴う最大心拍数の変化
加齢に伴い，最大心拍数は低下する。

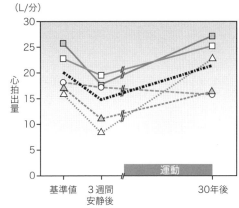

**図 11-13　有酸素性トレーニングの実施によ
る心拍出量の変化**
太線は対象者の平均。有酸素性トレーニングを
長期間継続することで心拍出量を維持できる。

　維持されています（**図 11-11**）。このように，有酸素性トレーニングの継続は，
筋力トレーニングと同様に，高齢者でもトレーニング効果が得られます。
　ヒトの内臓，筋肉，脳などの臓器は，加齢に伴い萎縮していきますが，心臓は
それらの変化とは反対に肥大します。それは，全身の血管が加齢に伴い硬化し，
血液を送り出す心臓に負担がかかるためです。また，運動中の最大心拍数（第 6
章参照）や 1 回拍出量は加齢に伴い低下します。心拍数と 1 回拍出量が低下す
ると心拍出量も低下します。このように，心機能は加齢に伴い低下します（**図
11-12**）。したがって，高齢者の激しい運動には危険が伴います。
　最大酸素摂取量と同様に，心機能の低下を最小限に食い止めるには，有酸素性

トレーニングが効果的です。高齢者ではありませんが，中高年の元スポーツ選手の心拍出量は，運動を中断すると3週間ほどで著しく低下しました。しかし，その後30年の間に定期的な有酸素性トレーニングを行うことによって，30年前とほとんど同じ心拍出量を示すことが報告されています（**図11-13**）。このように定期的な有酸素性トレーニングは心機能の維持に重要です。

6. 基礎代謝量は加齢とともに低下する

基礎代謝量は，年代によって変化します。発育発達のめざましい思春期にピークを迎え，その後は低下します（**図11-14**）。30～40歳代に徐々に体重が増えてくる"中年太り"という現象は，この基礎代謝量の低下が要因の1つではないかと考えられています。

この加齢に伴う基礎代謝量の低下は，除脂肪量（lean body mass：LBM）の低下が主な原因としてあげられます。除脂肪量とは，全体重から脂肪量を差し引いた重さのことで，骨，内臓，水分，筋肉などの重さになります。このなかで，重さの増減が著しい組織は筋肉であることから，一般的に除脂肪量の変化は筋肉量の変化を示すと考えられています。**表11-1**に示したように，からだの組

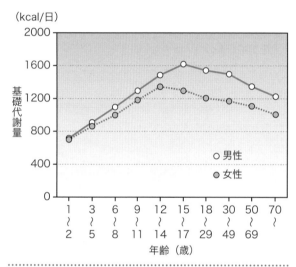

(kcal/日)

図11-14　加齢による基礎代謝量の変化
基礎代謝量は，発育発達の著しい思春期にピークを迎え，その後は低下する。

臓器・組織	重 量 (kg)	エネルギー代謝量		比率 (%)
		(kcal/kg/日)	(kcal/日)	
全身	70.0	24	1,700	100
骨格筋	28.0	13	370	22
脂肪組織	15.0	4.5	70	4
肝臓	1.8	200	360	21
脳	1.4	240	340	20
心臓	0.3	440	145	9
腎臓	0.3	440	137	8
その他	23.2	12	277	16

表11-1　ヒトの臓器・組織における安静時代謝量

織によって，安静時代謝量は異なります。脳や肝臓などの臓器は代謝量が高く，脂肪組織では低くなっています。また，骨格筋の代謝量は臓器よりも低いですが，脂肪組織よりも高いことがわかります。臓器の重量は，加齢に伴って大きく変化することはありませんので，基礎代謝量の低下に大きく影響することはないといえます。また，加齢に伴い脂肪組織の量は増える傾向にありますが，代謝量が低いので基礎代謝量を増加させるほどの影響力はありません。つまり，加齢に伴う基礎代謝量の低下は，骨格筋の減少によって引き起こされるといえます。

　一方，レジスタンストレーニングを行うと，骨格筋量が増えるので，基礎代謝量が増加します。24週間のレジスタンストレーニング後に，除脂肪体重が2 kg増加し，基礎代謝量が約100 kcal増加したという報告があります。しかし，骨格筋組織の1 kgあたりの安静時代謝は1日13 kcalですから（**表11-1**），骨格筋量が2 kg増加しても，基礎代謝量は26 kcalの増加にとどまるはずです。この基礎代謝量の増加分は，習慣的な運動刺激によって交感神経活動を亢進し，臓器などの代謝が亢進したことも関係していると考えられています。

7. 女性の身体は閉経に伴い大きく変化する

　女性ホルモンの1つであるエストロゲンは思春期に増加し，成熟期において安定した値を示します。しかし，更年期を迎えるとエストロゲンの分泌は急激に低下し，閉経を境にして老年期においてはわずかとなり，動脈硬化や高血圧などの生活習慣病の罹患率も増加することが知られています（**図11-15**）。

　女性ホルモンのなかでも卵巣から放出されるエストロゲンは，単に生殖にかかわるだけでなく，女性の身体にさまざまな役割を果たしています。更年期にエ

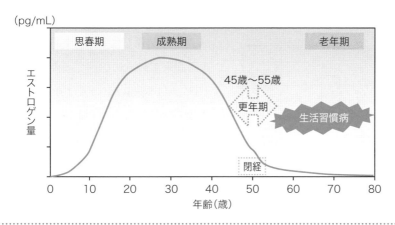

図11-15　加齢に伴う女性ホルモンの変化
女性ホルモンの1つであるエストロゲンは思春期に増加し，成熟期において安定した値を示すが，更年期を迎えると急激に低下し，閉経を境にして老年期にはわずかとなる。

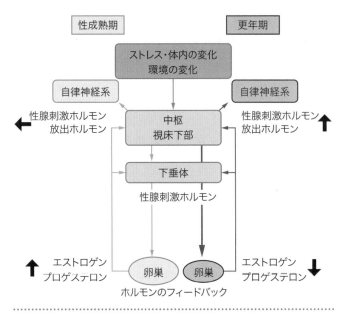

図11-16 性成熟期と更年期の卵巣の働き
卵巣から放出されるエストロゲンは更年期に分泌量が減少し，身体のさまざまな機能が働かなくなる。脳は卵巣に対してエストロゲンを分泌するよう指令を送るが，それがもととなり自律神経の調節が不調をきたす。

ストロゲン分泌量が減少することによって，身体のさまざまな機能が更年期以前のように働かなくなります。さらに更年期には，脳は卵巣に対してエストロゲンを分泌するよう指令（性腺刺激ホルモン放出ホルモンの増加）を送りますが，その指令がもととなり自律神経の調節が不調をきたします。更年期特有のうつ状態やホットフラッシュなどは，これらが原因で起こります（**図11-16**）。

II. 不活動に伴う身体諸機能の変化

1. 座位時間の増加は身心に悪影響を及ぼす

日常生活における座位（座ること）は，講義を受講する際，オフィスワークを行う際，テレビやソーシャルメディアを視聴する際などに行われるごく普通の行動です。しかし，座位時間が長くなればなるほど，身体諸機能にさまざまな悪影響を与えることがわかってきました。なかでも，日本人の座位時間は1日7〜8時間程度で，世界で最長といわれています。座位時間の増加は，心筋梗塞，脳血管疾患，肥満，糖尿病，がん，認知症など健康に害を及ぼす危険性が指摘されています。また，座位時間の増加は死亡のリスクとも関係しており，1日の座位時間が4時間未満の人に比べて8時間以上の人は15%，11時間以上の人は40%も総死亡リスクが高くなります（**図11-17**）。さらに，日頃から積極的に運動している人ですら，座位時間の増加によって運動の効果が相殺されることも報告されています。特に身体活動量が低い虚弱な（フレイル）高齢者は，運動を行うことよりも座位時間を少なくすることが重要です。

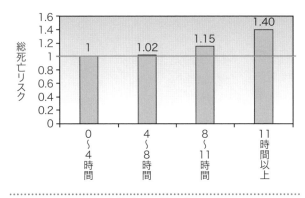

図11-17 1日の座位時間と総死亡リスク
1日の座位時間が4時間未満の人に比べて8時間以上の人は15%，11時間以上の人は40%も総死亡リスクが高い。

座位時間増加の影響は，大人だけでなく子どものさまざまな健康リスクと関係していることもわかっています。座位時間の増加に伴う子どもの肥満や過体重は，心血管疾患やメタボリックシンドロームなどの生活習慣病のリスクを増加させます。

さらに，座位時間の増加は身体のみならずこころの健康にも悪影響を与えます。実際に座位時間の長い人は，短い人と比較して不眠やうつ病のリスクが増加します。思春期における座位時間の増加も，その後のこころの健康に影響を与えます。思春期に座位時間が増加すると，18歳時点でのうつ病のリスクが増加することがわかっており，できるだけ座位時間を減らして身体を動かす時間を持つことが重要です。

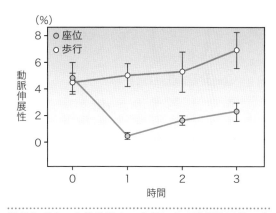

図 11-18 座位時間中の歩行による動脈伸展性の変化
座位時間が増加すると下肢の血流が滞り動脈の伸展性が低下する。しかし，1 時間の座位の間にわずか 5 分歩くだけで動脈伸展性の低下を防ぐことができる。

2. わずかな身体活動でも座位の悪影響を最小限にとどめる

座位時間の影響によるさまざまな悪影響は前述したとおりですが，それらの悪影響を少しでも減らすうえにおいて，身体活動は大きな役割を果たします。1 日 1 時間程度の運動は座位による悪影響を軽減することに効果的ですが，エレベーターの代わりに階段を使用する，散歩する，ガーデニングや家事を行うといった日常生活に取り入れることができる身体活動を実践することだけでも，効果があることが報告されています。

座位時間の増加に伴う悪影響としては，下肢の血流が滞ることによる血管への影響も指摘されています。しかし，1 時間の座位の間にわずか 5 分歩くだけでも血管機能の悪化を防ぐことができます(**図 11-18**)。歩くことが難しい場合でも，その場で立ったり，踵を上げ下げするなど，可能な限り身体を動かすことが，座位による悪影響を減らしてくれます。

III. 運動と遺伝子

1. 遺伝子はタンパク質の設計図である

ヒトのからだの骨格構造の大部分は，タンパク質でできています。それ以外にもタンパク質はさまざまな働きをしており，体内のタンパク質は数千万種類ある

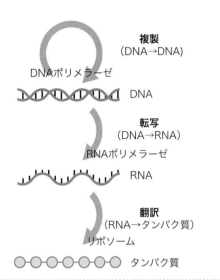

図11-19 タンパク質とDNA
DNA は RNA に転写され，RNA がタンパク質に翻訳される。DNA は RNA を介したタンパク質の設計図であることがわかる。

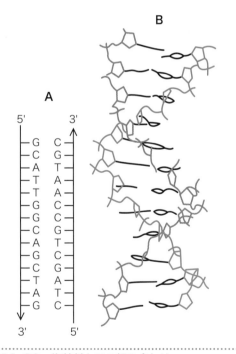

図11-20 塩基対とその組み合わせ
DNA は**図B**に示すとおり2本鎖らせん構造をしている。灰色と青で示した部分はリボースがつながった部分であり，2本の鎖は黒い線で示した塩基対によって結びつけるらせんをつくっている。2本鎖らせんを結びつける塩基対は文中に示すとおり特定の組み合わせ（AとT，CとG）がある。1本の鎖に並んでいる塩基（**図A**）の並び方がタンパク質の設計図にあたる。

といわれています。遺伝子はタンパク質の設計図にあたります（図11-19）。遺伝子はデオキシリボ核酸（DNA）がつながったものです。デオキシリボ核酸は，リボースと呼ばれる部分と塩基と呼ばれる部分があります。よく DNA は2本鎖らせんであるということがいわれますが，リボースはつながることで,その鎖の部分を形づくります。

塩基にはアデニン（A），グアニン（G），シトシン（C），チミン（T）と呼ばれる4つの種類が存在します。したがって，DNA にも4種類が存在します。この4種類の DNA の並び方（塩基配列）がタンパク質の設計図にあたり，数千万種あるタンパク質のそれぞれに対応した DNA の設計図が存在します。さらに A と T，G と C が結合することで，DNA の2本鎖らせんができます。A と T あるいは G と C の結合を塩基対と呼びます（図11-20）。

2. 遺伝子は多型性を有している

遺伝子のなかには，ときどきその塩基配列が1つだけ，あるいはある領域が変化している場合があります。この変化のことを遺伝子変異といいます。遺伝子変異はある1人の人でしか起きないような場合もありますが，たとえば，その変異が相当昔に起こったものであり，からだに大きな影響を与えないようなものだとすると，変異がそのまま遺伝されて同じ遺伝子変異を複数人でもっている場合があります。たとえば，1,000人中10人以上に同じ遺伝子変異がある場合，この遺伝子変異は遺伝子多型と呼ばれて変異とは区別されます。特に変異が1つの塩基のみの場合，一塩基置換(SNP：スニップ)と呼ばれます。現在，SNP は1億個以上あることが知られています（図11-21）。

遺伝子多型は，遺伝子が変化しているので，なんらかの影響が，設計しているタンパク質のみならず，からだに及ぶと考えられます。一方で遺伝子多型は全人口のかなりの割合の人が有していて，特にからだに問題を抱えているわけではないため，その影響は健康を著しく害するというほど大きくはないと考えられます。たとえば，お酒が飲めるか飲めないかは，アセトアルデヒドを分解する酵素（タンパク質）であるアルデヒドデヒドロゲナーゼの遺伝子の SNP と関連があることが知られています。これ以外にも，SNP のような遺伝子多型は，さまざまな疾患などともその関連性が検討されています。同様に，SNP は筋力トレーニングや持久的トレーニングに対する適応性の違い，身体柔軟性との関連性など，スポーツの分野でもさまざまな観点から調査研究がすすめられています（図11-22）。

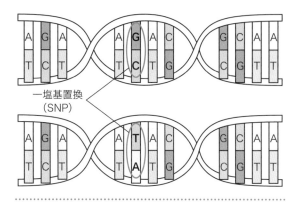

図11-21 一塩基置換（SNP）の例
上と下の DNA は本来は同じ塩基配列だったが，一塩基置換（SNP）と表記された1つの塩基対のみ配列が異なる。

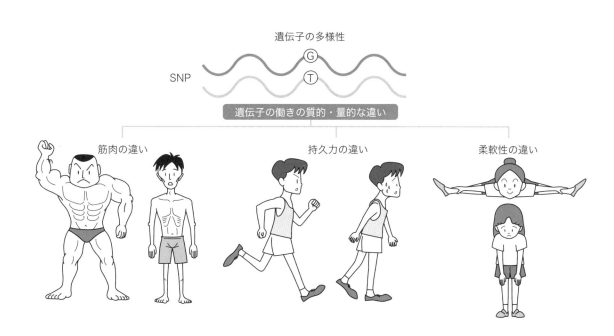

図11-22 SNP と表現型
SNP は，これまでに個性と考えられていた身体特性との関連性の検討が進められている。

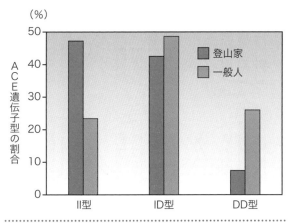

図 11-23　登山家と一般人の ACE 遺伝子の割合
高地登山家には II 型の割合が高いことから，II 型を有する選手は持久力が高い傾向にあると考えられる。

3. ACE 遺伝子の I/D 型遺伝子多型は循環器系と関連した遺伝子多型である

　ACE 遺伝子はアンジオテンシン変換酵素と呼ばれるタンパク質の遺伝子です。アンジオテンシン変換酵素は，血圧調節にかかわるタンパク質です。ACE 遺伝子には I 型と D 型が存在することが知られています。1 人ひとりがもっている ACE 遺伝子は 2 つあって，II 型，ID 型，DD 型に分類されます。このような表現の仕方を遺伝子型といいます。日本人には ACE 遺伝子型である II 型，ID 型，DD 型がそれぞれ約 30 %，約 45 %，約 25 % 存在します。

　ACE 遺伝子多型は，身体能力と関連性があることが指摘された最初の遺伝子です。1981 年に 4,000 m 級の山を登ることができた登山家の大部分の ACE 遺伝子の遺伝子型が II 型であったことから，ACE 遺伝子型が II 型である人は，高山のような低酸素環境下で登山ができるといったように，高い有酸素的能力をもつと結論されました（**図 11-23**）。その後，現在にいたるまで数多くの研究がなされ，ACE 遺伝子の II 型を有する選手は持久力が高いという傾向が多くの研究者によりおおむね確認されています。一方，DD 型の人は，パワー系に優れるという報告がありますが，II 型に比べるとまだ研究が必要な状況です。

4. ACTN3 遺伝子の R/X 型遺伝子多型は筋肉に関連した遺伝子多型である

　ACTN3 遺伝子は，アクチニン 3 と呼ばれるタンパク質の遺伝子です。アクチニンは，骨格筋の Z 帯と呼ばれる場所に存在し，骨格筋の構造を補強する役割があると考えられています。特にアクチニン 3 は速筋線維特異的に存在することが知られており，速筋の構造を補強する役割があると考えられています。

　ACTN3 遺伝子には R 型と X 型があることが報告されています。R 型はいわゆる正常型で，X 型が変異型です。ACTN 遺伝子の X 型になると，正常なアクチニン 3 タンパク質はつくられません。ACTN3 遺伝子の XX 型だと速筋の補強をするアクチニン 3 がつくられないために，速筋線維が少なくなるか，あるいはその構造が弱くなるのではないかと考えられています。

　ACTN3 遺伝子の多型と筋肉の関係がはじめて報告されたのは，1998 年オー

ストラリアのグループによるものでした。彼らはACTN3遺伝子のRR型を有する人は速筋線維が多く，XX型を有する人は遅筋線維が多いとする報告をしました。その後多くの研究者が同様の研究をしました。その結果，現在では速筋，遅筋の組成との関連性よりは，トップレベルの競技者にはRR型あるいはRX型の保有者が多いということがおおむね確認されています（図11-24）。

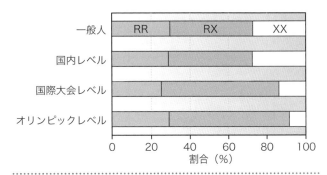

図11-24　競技レベルとACTN3遺伝子型の関係
日本人のレスリング選手においてトップレベルの競技者には，RR型あるいはRX型の保有者が多い。

IV. スポーツパフォーマンスの男女差

　さまざまなスポーツ競技の世界記録を男女で比較すると，明らかな男女差が認められます。いずれの競技も男性の記録が優れていますが，この差が男女の形態の違いによるものなのか，あるいは筋線維組成やエネルギー代謝の違いに起因するものなのかを考えてみます。また，成人女性は月経周期を有し，女性ホルモン濃度の変化がパフォーマンスに与える影響について理解することは，女子選手のみならず男性のコーチやトレーナーにとっても大変重要なことです。ここでは，スポーツパフォーマンスの男女差や月経周期が運動能力に与える影響について説明します。

1. 骨格筋量の男女差は下半身よりも上半身のほうが大きい

　男女の挙上パフォーマンスを比較してみると，ベンチプレスやアームカールなど上肢の種目では，女性は男性の約50％程度の記録ですが，レッグプレスなど下肢の種目では約75％の記録になります。このように，男女の筋力差は，下肢よりも上肢のほうが大きいことが認められています。この部位の違いによって筋力差が異なる要因として，骨格筋の量的な違いが考えられます。図11-25に，男女の全身および各部位の骨格筋量を示しました。それによると，

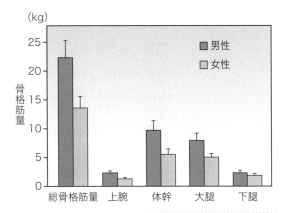

図11-25　MRI法による男女の全身および各部位の骨格筋量
体幹部の骨格筋量の男女差が大きく，部位別では下半身よりも上半身の男女差が大きい。

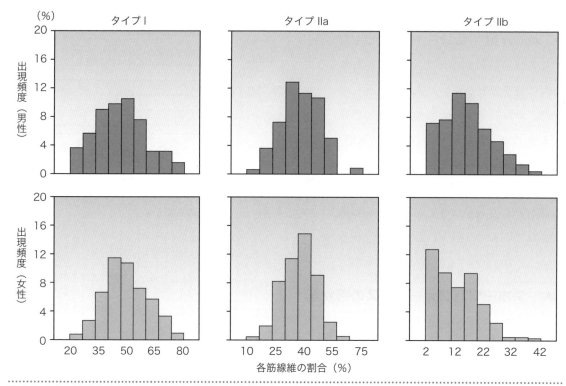

図11-26　外側広筋における速筋および遅筋線維比率の出現頻度
女性のほうが男性よりも遅筋線維（タイプ I）の割合が高いことが観察されているが，これまでの研究では必ずしも一致した結果は得られていない。

　体幹部の男女差が大きいことが確認できます。また部位別で比較してみると，下半身よりも上半身の男女差が大きく，この骨格筋量にみられる男女差は，挙上パフォーマンスにみられる男女差に酷似しています。

　筋機能の男女差に影響する要因の1つに筋線維タイプの違いも考えられます。筋線維には，大きく分けて速筋線維（タイプ IIb）と遅筋線維（タイプ I）の2種類があります（第3章参照）。この筋線維組成に男女差があるかを418名の男女を対象に，外側広筋の筋線維組成を比較検討したところ，女性のほうが男性よりも遅筋線維（タイプ I）の割合が高いことが観察されました（**図11-26**）。しかしながら，これまでの研究では必ずしも一致した結果は得られておらず，筋線維タイプの割合にそれほど大きな男女差は認められないと考えられています。また，一般成人の筋線維数を調べた研究においても，男女差は認められないことが報告されています。したがって，男女の骨格筋量の違いは，筋線維の横断面積の違いに依存していると考えられます。

2. 持久性パフォーマンスの男女差は少ない

大きな力発揮を必要とする競技と比べて，長時間の持久性種目では男女差が少ないことが知られています。たとえば，5,000 m の世界記録の男女差は 13.1％であるのに対して，マラソンだと 8.8％，さらに 100 km レースでは 5.3％と運動時間が長くなるほど男女差が縮まります。

女性の持久性パフォーマンスが優れている要因として，運動中のエネルギー基質利用の違いが指摘されています。女性の場合，相対的に同じ運動負荷の運動でも呼吸商が低いことが観察されます。すなわち，脂肪の利用割合が高く，筋グリコーゲンの利用を低く抑えることができるため，長時間運動に優れた結果を示すものと考えられます。

Column 11

三毛猫と遺伝子の複雑な話

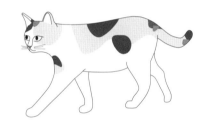

三毛猫は茶色と白と黒のぶちの柄がかわいいです。三毛猫の柄は性染色体上にある遺伝子で決まっています。性染色体というのは X と Y があり，XY の組み合わせでオスになり，XX の組み合わせでメスになります。特に三毛猫になるためには性染色体が XX でなければいけません。すなわち三毛猫になるためにはメスである必要があるのです。ところが三毛猫にはオスがいることがわかっています。このオスの性染色体は XXY となっています。通常性染色体は 2 本で 1 組ですが，三毛猫のオスは性染色体が 3 本あるわけです。このようなオスはめったにいないため，三毛猫のオスは希少価値が高いとされています。

2002 年に三毛猫の細胞から核をとり，その核をそのまま卵細胞に移植して代理母のお腹で育てるという報告がなされました。いわゆるクローン猫です。このクローン猫は copy cat または CC と呼ばれることになりました。DNA は核の中に入っていますので，核を丸ごと移植したクローン猫である CC は三毛猫の親と遺伝子がまったく同じということです。ということは，クローン猫 CC は当然三毛猫柄になるかと思いきや，なんとキジ白でした。すなわち，クローンなのにまったく異なる柄になったのです。なぜこのようなことが起きたのでしょうか。

DNA のなかの遺伝子はすべてが利用されるわけではなく，使われる遺伝子は細胞によって異なることがわかってきています。三毛猫の柄は白と黒と茶色の組み合わせですが，大人の猫の細胞は白，黒，茶色のどの色を出すかは細胞によって決まってしまっているのです。これは，細胞によって使わない DNA は，メチル化という化学反応を起こさせてしまうために起こる現象です。そのような大人の猫の細胞から核をとってクローンをつくると，使う遺伝子と使わない遺伝子が限定されてしまっています。CC が三毛猫にならなかったのは，CC をつくるときの細胞が茶色になるための DNA を使えないようにしてしまっていたからだということなのです。

遺伝子というとなにか絶対的なもののような印象がありますが，この三毛猫の話は遺伝子ですべてが決まっているようで，実際にはそうでもないという好例ではないでしょうか。

Taeyoung Shin, et al.: Cell biology: a cat cloned by nuclear transplantation. Nature, 415, 859 (21 February 2002).

確認問題

＊解答は p.188

次の文章のかっこにあてはまる言葉を答えてください。

1. 近年では，（ ① ）時間が長くなればなるほど，身体諸機能にさまざまな悪影響を与えます。（ ① ）時間の増加は，心筋梗塞，脳血管疾患，肥満，糖尿病，がん，認知症など（ ② ）に害を及ぼす危険性が指摘されています。特に身体（ ③ ）量が低い虚弱〔（ ④ ）〕な高齢者は，運動を行うことよりも（ ① ）時間を少なくすることが重要です。

2. 遺伝子のなかには，ときどきその塩基配列が１つだけ，あるいはある領域が変化している場合があります。この変化のことを（ ① ）といいます。ある変異がそのまま遺伝されて複数人でもっていてその頻度が高い場合，（ ② ）とよばれて（ ① ）と区別されます。特に変異が１つの塩基のみの場合，（ ③ ）と呼ばれます。（ ② ）および（ ③ ）は，疾患やトレーニングに対する適応性の違いなど，さまざまな表現型との関連性が検討されています。特にスポーツ分野において数多く調べられているのは，登山家において調べられた（ ④ ）遺伝子と，速筋の構造を補強するとされる（ ⑤ ）遺伝子です。

第12章

女性とスポーツ

　ヒトは男性と女性の2つの性に大きく分類することができ，生まれたときからみられる先天的なからだの違いや，生まれ育った社会環境によって影響を受ける後天的な違いが生じます。このような男性と女性の違いを性差といいます。女性が過酷なトレーニングに取り組む場合や，男性が女性を対象として運動指導を行う場合には，さまざまな身体的な性差を理解することが大変重要です。

　この章では，女性アスリートに多くみられる健康障害や，月経周期がコンディションに与える影響などについて解説します。

I. 女性の身体的特徴

1. 健康な成人女性は妊娠・出産が可能である

　一般的に女性は男性に比べて，身長が低い，体脂肪量が多い，筋肉量が少ないといった身体的特徴があります。しかし，最も大きな違いとしては，女性は妊娠・出産が可能だということがあげられます。女性は，思春期を迎えると妊娠・出産をするために必要な機能が備わってきます。たとえば，周期的に性ホルモン濃度が変動し，子宮内膜や卵巣に刺激を与えて排卵が起こります。そして，そのタイミングで受精が起これば妊娠し，起こらなければ月経がはじまります。しかし，激しいトレーニングやウエイトコントロールが必要な女性アスリートにとって，それらの機能を維持するためには注意が必要です。

　このような生理現象は男性が経験することはありませんが，女性特有のからだの特徴を理解することは女性のみならず，男性のスポーツ指導者やトレーナーにとっても大変重要なことだといえます。

2. 女性アスリートの三主徴

　女性アスリートに多く発症する健康障害として，①利用可能エネルギー不足（摂食障害の有無は問わない），②視床下部性無月経，③骨粗鬆症があげられ，これらは女性アスリートの三主徴（female athlete triad：FAT）と呼ばれています。女性アスリートの三主徴は，それぞれ単独ではなく相互に関連しており，利用可能エネルギー量(＝エネルギー摂取量－運動時エネルギー消費量)，月経機能，

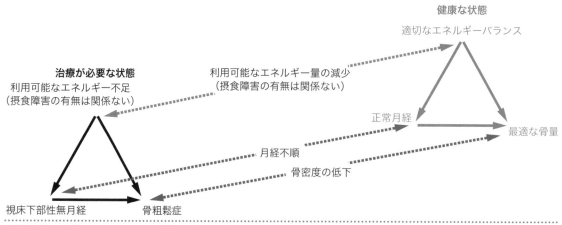

図12-1　女性アスリートの三主徴の相互関係
エネルギーバランス，月経機能，骨密度は相互に影響しあっており（実線矢印），それらは食事や運動の状況に応じてコンディションが変化する（点線矢印）。

骨密度は，食事および運動の状況に応じて，健康な状態から治療が必要な状態へ
と変化します（**図 12-1**）。

　"激しいトレーニングをしているのに，あまり食べない"，"たくさん食べて
いるけど，トレーニング量が多すぎてエネルギーバランスがとれていない"とい
うような状態が続くと，利用可能エネルギーが不足します。これは，エネルギー
消費量に比べてエネルギー摂取量が少ない状態であり，長期間続くと体脂肪量が
減少し，食欲や体重をコントロールする作用をもつホルモンであるレプチンやグ
レリンの血中濃度に変化が生じます。それによって食欲のコントロール機能が低
下して摂食障害をもたらし，さらに視床下部での性腺刺激ホルモンの分泌が低下
し，視床下部性無月経を引き起こします。また，エストロゲンには，骨を壊す破
骨細胞の働きを抑制する作用があるため，無月経の状態が長期間続いてエストロ
ゲンの分泌が低下すると，それに伴って骨量の低下が進行し，骨粗鬆症にいたり
ます。疲労骨折を起こした女性アスリートの月経状態を調査した結果，正常月経
群に比べて月経異常群のほうが疲労骨折の発症率が高いという報告もあります。

　十分にエネルギー量を摂取できない状態で激しいトレーニングに取り組むこと
が，女性アスリートの三主徴が引き起こされる主要因の１つであることは明ら

Column 12

女性にとって体重をキープすることは難しい？

　"やせてもっとキレイになりたい"と考える女性は多く，男性よりも体重を気にする傾向があります。
実際に体重が増加することを気にしすぎて摂食障害となってしまう症例は，男性よりも女性に多くみら
れます。なぜ女性のほうが体重を気にするのか，その答えは明らかではありませんが，もしかしたら男
性に比べて短期間に体重が大きく増減することが関係しているかもしれません。Bunt らは，１ヵ月間
連続して体重を記録した場合，最小値と最大値の差は，平均で男性は 0.3 kg だったのに対して女性は 2.2
kg だったことを報告しています。このように女性が体重を一定に保つことが難しい要因の１つとして
月経周期の影響があげられます。一般的に，黄体期に体重が増加し，月経開始後２日くらい経つと体重
が減少するという変動がみられます。これは，エストロゲン，プロゲステロンは体水分量の調節に関与
するレニンの活性を高め，体内の水分貯留を促進させる作用があるためです。つまり，月経前の体重増
加は，脂肪ではなく体水分量の増加と考えられます。したがって，周期的に 2 kg 程度の体重が増えて
しまうことはあまり気にしないほうがよさそうです。

　しかし，このような月経周期に伴う体重の増減は，個人差が大きく，すべての女性に同じように現わ
れるわけではありません。特に階級別の種目など，ウエイトコントロールが必要な競技の場合には，月
経周期に伴う体重の変化を知ることが重要になりますので，ぜひ記録してみましょう。

Makowski AC, et al.: Sex differences in attitudes towards females with eating disorders. Eat Behav, 16: 78-83, 2015.
Bunt JC, et al.: Impact of total body water fluctuations on estimation of body fat from body density. Med Sci Sports Exerc, 21: 96-100, 1989.

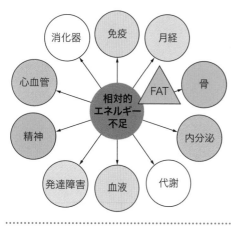

図 12-2　スポーツにおける相対的エネルギー不足（RED-S）の健康への影響
エネルギー不足の状態では細胞の恒常性を維持できなくなり，さまざまな健康障害が引き起こされる。FAT：female athlete triad

かであり，女性アスリートの三主徴の予防および改善のためには，利用できるエネルギー量の確保が最も重要であることが指摘されています。エネルギー不足の状態では，細胞の恒常性を維持することができなくなるため，さまざまな健康障害が引き起こされることになります。国際オリンピック委員会（IOC）によって発表された合同声明では，"女性アスリートの三主徴は単に3つの病態から構成されるのではなく利用可能エネルギー不足を原因として起こる症候群（複数の病的な症状の組み合わせ）である"としています。IOCでは，スポーツにおける相対的エネルギー不足（relative energy deficiency in sport：RED-S）という用語を提案し，女性アスリートだけに限らず，男性アスリートもエネルギー不足に陥り，健康に悪影響を及ぼす危険性があることを提唱しています（**図 12-2**）。

　エネルギー不足による健康障害は，短期間で回復することは難しく，ジュニア期から続く無月経が妊孕性（にんようせい）（妊娠のしやすさ）へ影響することも懸念されていることから，思春期を迎える前からの予防が非常に重要です。体重や体組成の変動を目安に練習量やエネルギー摂取量を調整し，正常な月経周期を維持しながらトレーニングに取り組むことが健康の維持，さらには競技力向上に有効であるといえます。

3．無月経が運動時生理反応に与える影響

　トレーニング効果を獲得するためには，1回あたりの運動刺激によるからだの反応がきちんと起こることが重要です。そのため，適切な強度でトレーニングを実施し，骨格筋や血管など各組織の構造を変化させ，機能の改善を促す必要があります。ところが，健康な女性と月経異常の女性では，同じ運動をした場合の生理反応が異なるという報告があります。

　レジスタンス運動時のアナボリックホルモン（第7章参照）の反応は，正常月経群では，卵胞期，黄体期ともに安静時に比べて有意に増加しますが，月経異常群では，安静時に比べてあまり変化しませんでした（**図 12-3**）。このように月経異常の状態では運動時のホルモンの反応性や分泌量が低くなることがわかっており，トレーニング効果に影響を与える可能性が考えられます。しかしながら，このような1回の運動刺激によるアナボリックホルモン分泌反応の違い

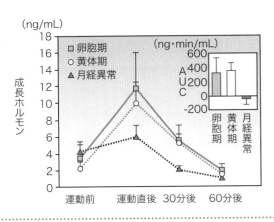

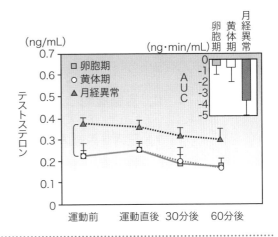

図 12-3　レジスタンス運動時のアナボリックホルモンの経時変化
レジスタンス運動時のアナボリックホルモンの反応は，正常月経群では卵胞期，黄体期ともに安静時に比べて有意に増加するが，月経異常群ではあまり変化しない。

が実際に筋肥大や筋力向上にどれくらい影響を及ぼすかについては明らかになっていないため，さらなる研究が必要です。また，ノルアドレナリンは，安静時には健常群と月経異常群の差はみられませんが，$\dot{V}O_2max$ 70％強度以上では，差が生じることが報告されています（**図 12-4**）。ノルアドレナリンは，自律神経系やエネルギー代謝の調節にかかわるホルモンであり，からだを運動に適した状態にするために重要なはたらきをします。

　カナダの研究グループは，15 〜 17 歳のナショナルレベルの水泳選手を対象に，12 週間の強化練習の前後で性ホルモン濃度やエネルギー摂取状況，400 m タイムトライアルの泳速度などを測定しました。その結果，利用可能エネルギー不足で月経異常の選手は，健康な選手に比べて泳速度が低下しました（**図 12-5**）。以上のことから，正常な月経周期を保ちながら

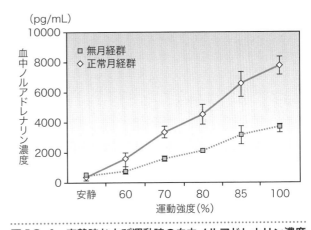

図 12-4　安静時および運動時の血中ノルアドレナリン濃度
ノルアドレナリンは，安静時には健常群と月経異常群の差はないが，$\dot{V}O_2max$ 70％強度以上では差が生じる。

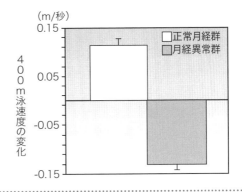

図 12-5　12 週間のトレーニング後の 400 m 泳速度の変化
月経異常の選手は健康な選手に比べて泳速度が低下した。

健康な状態でトレーニングに取り組むことは，効率よくパフォーマンスを向上さ
せるためにも重要だといえます。

II. 月経周期

1. 正常な月経周期は 25 ～ 38 日である

　月経周期とは，月経開始日から次の月経の前日までの日数のことをいいます。
一般的には 28 日とされることが多いですが，正常な月経周期は 25 ～ 38 日であ
り，周期ごとの変動が 6 日以内となります。月経周期が短く，24 日以内で月経
が発来する場合には頻発月経とされ，月経周期 39 日以上と長い場合には希発月
経とされます。さらに，月経が 3 ヵ月以上発来しない状態を続発性無月経とい
います。また，正常な月経の持続日数は 3 ～ 7 日で，2 日以内と短い場合は過
短月経，8 日以上と長い場合は過長月経とされます。

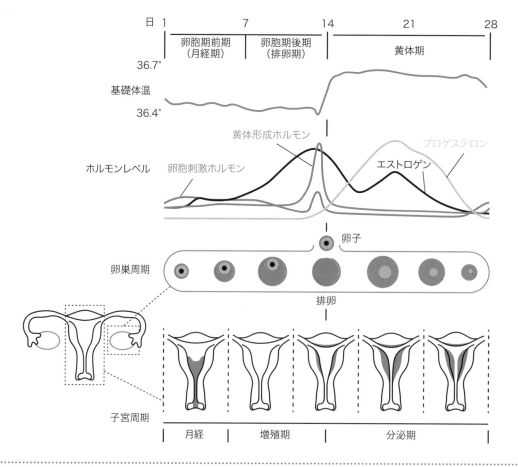

図 12-6　月経周期
月経周期は①卵胞期前期，②卵胞期後期，③黄体期の 3 つに分けられる。

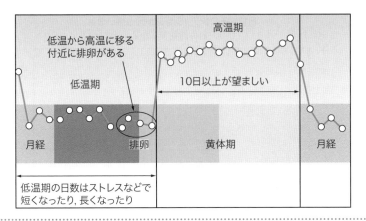

図 12-7　基礎体温の変化
基礎体温は，毎朝起床時に基礎（婦人）体温計を用いて舌下温を測定する。

月経周期は複数のホルモンの複雑な相互作用によって調節されており，①卵胞期前期（月経期），②卵胞期後期（排卵期），③黄体期の3つのフェーズに分けることができます（**図 12-6**）。

2.　月経周期は基礎体温の測定でわかる

月経周期が正常かを自分で確かめるためには，月経がはじまった日を記録するほかに，基礎体温を測定することがすすめられます。基礎体温は，毎朝起床時に基礎（婦人）体温計を用いて舌下温を測定します。エストロゲンやプロゲステロンの分泌が正常な場合には，基礎体温は，月経開始から排卵までは低温期，排卵後から次の月経までは高温期の二相性を示します（**図 12-7**）。これは，黄体期に体温上昇作用のあるプロゲステロン濃度が増加するためです。低温期と高温期に 0.3 〜 0.5℃の差があれば，二相性を示しているといえます。測定に慣れるまでは値が安定しないことが多いので，最低でも 3 ヵ月は測定を継続してみましょう。婦人科を受診する場合には，基礎体温の記録が診察に役立つ場合がありますので，持参するとよいでしょう。

3.　月経周期に伴いコンディションは変化する

月経周期は成人女性特有のものであり，正常な月経周期は妊娠・出産が可能であり健康な状態であることを示します。しかし，月経周期に伴い女性のこころやからだの状態，いわゆるコンディションが変化することもあり，どの時期にどのような変化が生じるかを理解することが大切です。トップアスリートおよび体育系大学女子学生を対象としたアンケート調査では，8 〜 9 割が月経周期によるコ

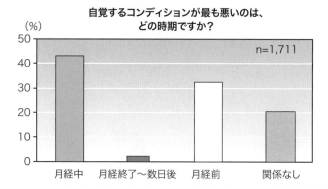

図12-8　月経周期がコンディションに与える影響
体育系大学女子学生を対象としたアンケート調査では，主観的コンディションが最も悪い
時期は月経中と月経前という回答が高い割合を示した。

表12-1　月経前症候群（PMS）の診断基準 (The American College of Obstetricians and Gynecologists : A Resource Manual, 4th edition より引用)	
過去3回の連続した月経周期のそれぞれにおける月経前5日間に，下記の情緒的および身体的症状のうち少なくとも1つが存在すれば月経前症候群と診断できる*。	
情緒的症状	**身体的症状**
抑うつ	乳房緊満感・腫脹
怒りの爆発	腹部膨満感
いらだち	頭痛
不安	関節痛・筋肉痛
混乱	体重増加
社会からの引きこもり	四肢の腫脹・浮腫

*これらの症状は月経開始後4日以内に消失し，少なくとも13日目まで再発しない。
　いかなる薬物療法，ホルモン摂取，薬物やアルコール使用がなくとも存在する。
　症状はその後2周期にわたり繰り返し起こる。
　社会的・学問的または経済的行動・能力に明確な障害を示す。

ンディションの変化を感じると回答しました。また，主観的コンディションが最
も悪い時期は，月経中と月経前という回答が高い割合を示しました（**図12-8**）。
　月経中や月経前の不快な症状を総じて月経随伴症状といいます。月経中にコン
ディション低下を引き起こす要因として，下腹部や腰部の痛みがあげられます。
日常生活にも影響を及ぼすほど痛みが強い場合には，月経困難症が疑われます。
月経困難症は，その原因によって大きく2つに分類されます。1つは子宮内膜症
や子宮筋腫などの器質的な疾患に伴う器質性月経困難症，もう1つはプロスタ
グランジンの分泌量が過剰で子宮収縮が強く生じるために起こる機能性月経困難
症です。

　一方，黄体期（月経前）のコンディション低下の要因として，月経前症候群 (premenstrual syndrome：PMS) があげられます。月経前症候群は，"月経のはじまる 3 〜 10 日前から起こる精神的，身体的症状で，月経開始とともに減退ないし消失するもの"と定義されています。主な症状としては，頭痛，体重増加，便秘，強い眠気，イライラ，不安，集中力低下，情緒不安定などがみられます（**表 12-1**）。これらの症状の種類や強さは，女性すべてで同様ではなく，大きな個人差があります。女性の場合には，月経開始日を記録し，"月経周期は正常であるか""どの時期にどのような症状があるか"などをセルフチェックするとよいでしょう。もし，日常生活に支障をきたすほど月経随伴症状がひどい場合には，婦人科の受診をすすめます。

4. 月経周期はパフォーマンスに影響を与える可能性がある

　月経周期が最大筋力に与える影響については，排卵期に有意に高い値を示すという報告があります。正常な月経周期の女性を対象に，母指内転筋の最大筋力を 1 ヵ月間連続的に測定した結果，排卵期に最大値を示し，排卵期以降に筋力は急激に減少しました。この変化は，月経周期におけるエストロゲン濃度と同様のため，エストロゲンが筋力発揮に影響を与えているのではないかと考えられています。そのメカニズムについては，十分に明らかになってはいませんが，エストロゲンは抗酸化作用を持つため，筋力低下の要因となる酸化ストレスを軽減させることが関与している可能性があるといわれています。

　持久性パフォーマンスの指標となる最大酸素摂取量は，月経周期の影響を受けないとされています。しかし，卵胞期と黄体期に有酸素運動を実施し，運動時の呼吸交換比を比較すると，黄体期において呼吸交換比が低い値を示し，運動中のエネルギー基質として脂質利用が高まることが報告されています。これは，エストロゲンとプロゲステロンによって脂質分解の作用をもつホルモン感受性リパーゼが活性化されるためと考えられています。最大酸素摂取量は，月経周期の影響を受けないとされていますが，黄体期で脂質利用が亢進するとすれば，グリコーゲンが節約されるため長時間運動時のパフォーマンスは高まる可能性が考えられます。

　一方，運動する環境の違いによっても月経周期の影響を受けることが報告されています。最大酸素摂取量の 60 ％強度で 60 分間の運動を行った結果，通常環境条件では月経周期のフェーズによる違いは認められなかったものの，暑熱環境条件では黄体期に換気量や自覚的（主観的）運動強度（ratings of perceived exertion：RPE）が増加しました。これは，高温で湿度が高い環境下では，黄

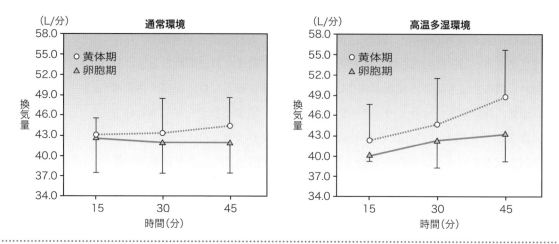

図12-9　通常環境下と高温多湿環境下における運動時の換気量の変化
高温多湿環境下では，黄体期に持久性パフォーマンスが低下する可能性がある。

体期に持久性パフォーマンスが低下する可能性を示しています（**図12-9**）。
　スポーツパフォーマンスの発揮にはさまざまな要因が絡んでおり，一概に月経周期の影響だけで考えることはできませんが，女性アスリートにとって，各競技特性や練習環境などと併せて月経を考慮したコンディショニングを行うことは必要だと考えられます。月経周期の影響は個人差が大きく，さらに個人内の変動も大きいので，選手自身や指導者が月経周期に伴うコンディションの変化を観察し，その変化を理解して練習や試合に臨むことがとても大切です。

＊解答は p.188

次の文章のかっこにあてはまる言葉を答えてください。

1. 女性アスリートに多く発症する健康障害として，①（　①　）エネルギー不足（摂食障害の有無は問わない），②視床下部性（　②　），③（　③　）があげられ，これらは（　④　）と呼ばれています。

2. 月経周期とは，月経開始日から次の月経の前日までの日数のことをいい，正常な月経周期は（　①　）日です。月経周期が短く，24日以内で月経が発来する場合には（　②　）月経とされ，月経周期39日以上と長い場合には希発月経とされます。さらに，月経が（　③　）ヵ月以上発来しない状態を続発性無月経といいます。また，正常な月経の持続日数は（　④　）日で，2日以内と短い場合は過短月経，8日以上と長い場合は（　⑤　）月経とされます。

3. 月経中や月経前の不快な症状を総じて（　①　）といいます。月経中にコンディション低下を引き起こす要因として，（　②　）の痛みがあげられ，日常生活にも影響を及ぼすほど痛みが強い場合には，（　③　）が疑われます。一方，月経前のコンディション低下の要因として，（　④　）があげられます。（　④　）は，"月経の始まる（　⑤　）日前から起こる精神的，身体的症状で，月経開始とともに減退ないし消失するもの"と定義されています。主な症状としては，頭痛，体重増加，便秘，強い眠気，イライラ，不安，集中力低下，情緒不安定などがみられます。これらの症状の種類や強さは，女性すべてで同様ではなく，大きな個人差があります。

参考文献

Abe T, et al.: Sex differences in whole body skeletal muscle mass measured by magnetic resonance imaging and its distribution in young Japanese adults. *Br J Sports Med*, 37: 436-440, 2003.

Alter MJ: Science of Flexibility, 3rd ed. Human Kinetics, 2004.

American College of Obstetricians and Gynecologists: Premenstrual Syndrome. Guidelines for Women's Health Care. A Resource Manual, 4th ed. 607-613, 2014.

Aragon AA, and Schoenfeld BJ: Nutrient timing revisited: is there a post-exercise anabolic window? *J Int Soc Sports Nutr*, 10: 5, 2013.

朝比奈一男 監訳（Fox E 著）：選手とコーチのためのスポーツ生理学．大修館書店，1999.

麻生 武志 他：インフォームドコンセントのための図説シリーズ　ホルモン補充療法．医薬ジャーナル社，2012.

Astrand PO, et al.: Textbook of Work Physiology: Physiological Bases of Exercise, 4th ed. Human Kinetics, 2003.

Baechle TR, and Earle RW, eds.: Essentials of Strength Training and Conditioning. Human Kinetics, 2000.

Birth K, et al.: Instant Note, Sport & Exercise Physiology. Taylor & Francis, 2004.

Bull FC, et al.: World Health Organization 2020 guidelines on physical activity and sedentary behaviour. *Br J Sports Med*, 54(24): 1451-1462, 2020.

Bunt JC, et al.: Impact of total body water fluctuations on estimation of body fat from body density. *Med Sci Sports Exerc*, 21: 96-100, 1989.

Cambien F, et al.: Deletion polymorphism in the gene for angiotensin-converting enzyme is a potent risk factor for myocardial infarction. *Nature*, 359: 641-644, 1992.

Casa DJ, et al.: National Athletic Trainers' Association position statement: fluid replacement for athletes. *J Athl Train*, 35: 212-224, 2000.

Fleg JL, et al.: Accelerated longitudinal decline of aerobic capacity in healthy older adults. *Circulation*, 112: 674-682, 2005.

Goto K, et al.: Effects of resistance exercise on lipolysis during subsequent submaximal exercise. *Med Sci Sports Exerc*, 39: 308-315, 2007.

Guyton C, and Hall JE: Textbook of Medical Physiology, 10th ed. WB Saunders, 2000.

平田耕造 他 編著：体温　運動時の体温調節システムとそれを修飾する要因．ナップ，2002.

Interactive Physiology, Benjamin Cummings, 2008.

石井直方：骨格筋の力学的性質．東京大学出版会，1995.

Jakicic JM, et al.: American College of Sports Medicine position stand. Appropriate intervention strategies for weight loss and prevention of weight regain for adults. *Med Sci Sports Exerc*, 33: 2145-2156, 2001.

Janse DE, et al.: Exercise performance over the menstrual cycle in temperate and hot, humid conditions. *Med Sci Sports Exerc*, 44: 2190-2198, 2012.

Jones D, et al.: Skeletal Muscle from Molecule to Movement, A Textbook of Muscle Physiology for Sport, Exercise, Physiotherapy and Medicine. Churchill Livingstone, 2004.

Kakiyama T, et al.: Effects of short-term endurance training on aortic distensibility in young males. *Med Sci Sports Exerc*, 37: 267-271, 2005.

Kandola A, et al.: Depressive symptoms and objectively measured physical activity and sedentary behaviour throughout adolescence: a prospective cohort study. *Lancet Psychiatry*, 7(3): 262-271, 2020.

● 参考文献

春日規克, 竹倉宏明 編著：運動生理学の基礎と発展. フリースペース, 2002.

勝田　茂 編：入門運動生理学, 第3版. 杏林書院, 2007.

健康・体力づくり事業財団：健康運動指導士養成講習会テキスト 上. 2008.

Kraemer WJ, et al.: Hormonal and growth factor responses to heavy resistance exercise protocols. *J Appl Physiol*, 69: 1442-1450, 1990.

Lemmer JT, et al.: Effect of strength training on resting metabolic rate and physical activity: age and gender comparisons. *Med Sci Sports Exerc*, 33: 532-541, 2001.

MacDougall JD: Blood Pressure Responses to Resistive, Static and Dynamic Exercise. Futura Publishing, New York.

Mafi M, et al.: Blood pressure estimation using oscillometric pulse morphology. *Annu Int Conf IEEE Eng Med Biol Soc*, 2011: 2492-2496, 2011.

Makowski AC, et al.: Sex differences in attitudes towards females with eating disorders. *Eat Behav*, 16: 78-83, 2015.

McGuire DK, et al.: A 30-year follow-up of the Dallas Bedrest and Training Study: I. Effect of age on the cardiovascular response to exercise. *Circulation*, 104: 1350-1357, 2001.

McHugh MP, et al.: Differences in activation patterns between eccentric and concentric quadriceps contractions. *J Sports Sci*, 20: 83-91, 2002.

Miyachi M, et al.: Greater age-related reductions in central arterial compliance in resistance-trained men. *Hypertension*, 41: 130-135, 2003.

宮村実晴 編著：高所　運動生理学的基礎と応用. ナップ, 2000.

宮下充正：子どものからだ −科学的な体力づくり−. 東京大学出版会, 1999.

Mountjoy M et al.: The IOC consensus statement: beyond the Female Athlete Triad--Relative Energy Deficiency in Sport (RED-S). *Br J Sports Med*, 48(7), 491-497, 2014.

Nakamura Y, et al.: Hormonal responses to resistance exercise during different menstrual cycle states. *Med Sci Sports Exerc*, 43(6): 967-973. 2011.

中村桂子, 松原謙一 訳：細胞の分子生物学, 第5版. ニュートンプレス, 2010.

Nakano T, et al.: Membrane lipid components associated with increased filterability of erythrocytes from long-distance runners. *Clin Hemorheol Microcirc*, 24: 85-92, 2001.

Nieman DC: Exercise, upper respiratory tract infection, and the immune system. *Med Sci Sports Exerc*, 26: 128-139, 1994.

能瀬さやか 他：女性トップアスリートにおける無月経と疲労骨折の検討. 日本臨床スポーツ医学会誌, 22: 122-127, 2014.

Nualnim N, et al.: Comparison of central artery elasticity in swimmers, runners, and the sedentary. *Am J Cardiol*, 107: 783-787, 2011.

小幡邦彦 他：新生理学, 第3版. 文光堂, 2000.

越智淳三：解剖学アトラス, 第3版. 文光堂, 1990.

Okamoto T, et al.: Cardiovascular responses induced during high-intensity eccentric and concentric isokinetic muscle contraction in healthy young adults. *Clin Physiol Funct Imaging*, 26: 39-44, 2006.

Okamoto T, et al.: Combined aerobic and resistance training and vascular function: effect of aerobic exercise before and after resistance training. *J Appl Physiol*, 103: 1655-1661, 2007.

Okamoto T, et al.: Low-intensity resistance training after high-intensity resistance training can prevent the increase of central arterial stiffness. *Int J Sports Med*, 34: 385-390, 2013.

岡本孝信 他：スポーツ選手の膝障害と大腿部筋力に関する基礎的研究. 日本総合健診医学会誌, 22: 367-375, 1996.

Otsuki T, et al.: Vascular endothelium-derived factors and arterial stiffness in strength- and endurance-trained men. *Am J Physiol Heart Circ Physiol*, 292 : H786-H791, 2007.

Phillips SK, et al.: Changes in maximal voluntary force of human aductor pollicis muscle during the menstrual cycle. *J Physiol*, 496: 551-557, 1996.

Ravussin E: A NEAT way to control weight? *Science*, 307: 530-531, 2005.

Reilly T, and Waterhouse J: Sport, Exercise and Environmental Physiology. Elsevier, 2005.

Romijn JA, et al.: Substrate metabolism during different exercise intensities in endurance-trained women. *J Appl Physiol*, 88: 1707-1714, 2000.

Saat M, et al.: Decay of heat acclimation during exercise in cold and exposure to cold environment. *Eur J Appl Physiol*, 95: 313-320, 2005.

Saltin B, et al.: Skeletal muscle blood flow in humans and its regulation during exercise. *Acta Physiol Scand*, 162: 421-436, 1998.

Siegel R, et al.: Ice slurry ingestion increases core temperature capacity and running time in the heat. *Med Sci Sports Exerc*, 42: 717-725, 2010.

Simoneau JA, and Bouchard C: Human variation in skeletal muscle fiber-type proportion and enzyme activities. *Am J Physiol*, 257: E567-572, 1989.

スポーツ庁：平成30年度全国体力・運動能力，運動習慣等調査結果．2018.

スポーツ庁：令和元年度全国体力・運動能力，運動習慣等調査結果．2019.

Stephen SH: Optimal feedback control and the neural basis of volitional motor control. *Nat Rev Neurosci*, 5: 532-546, 2004

須永美歌子：月経周期に伴うコンディションの変化．トレーニング科学，28: 7-10, 2017.

Tabata I, et al.: Bi-phasic changes of serum cortisol concentration in the morning during high-intensity physical training in man. *Horm Metab Res*, 21: 218-219, 1989.

体育科学センター 編：健康づくり運動カルテ．講談社，1975.

Tanaka H, et al.: Aging, habitual exercise, and dynamic arterial compliance. *Circulation*, 102: 1270-1275, 2000.

Tanimoto M, and Ishii N: Effects of low-intensity resistance exercise with slow movement and tonic force generation on muscular function in young men. *J Appl Physiol*, 100: 1150-1157, 2006.

Theou O, et al.: Association between sedentary time and mortality across levels of frailty. *CMAJ,* 189(33): E1056-E1064, 2017.

Thosar SS, et al.: Effect of prolonged sitting and breaks in sitting time on endothelial function. *Med Sci Sports Exerc*, 47(4): 843-849, 2015.

豊田順一 監：標準生理学，第5版．医学書院，2002.

van der Ploeg HP, et al.: Standing time and all-cause mortality in a large cohort of Australian adults. *Prev Med*, 69: 187-191, 2014.

Vanheest JL et al.: Ovarian suppression impairs sport performance in junior elite female swimmers. *Med Sci Sports Exerc*, 46: 156-166, 2014.

Watanabe Y, et al.: Effect of very low-intensity resistance training with slow movement on muscle size and strength in healthy older adults. *Clin Physiol Funct Imaging*, 34: 463-470, 2014.

Williams J, et al.: Exercise Physiology: Integrating Theory and Application, 2nd ed. Lippincott Williams & Wilkins, 2016.

Wilmore JH, and Costill DL: Physiology of Sport and Exercise, 2nd ed. Human Kinetics, 1999.

矢部京之介：人体筋出力の生理的限界と心理的限界．杏林書院，1997.

確認問題の解答

第1章

1. ①エネルギー ②グリコーゲン ③グルコース ④カーボローディング
2. ①トリグリセリド（中性脂肪） ②脂肪酸 ③脂肪細胞 ④エネルギー ⑤高い ⑥低い
3. ①アミノ酸 ②ペプチド ③骨格構造 ④不足 ⑤分解

第2章

1. ① ADP ②再合成 ③解糖系 ④ ATP–PCr 系
2. ①ピルビン酸 ②酸素 ③短い ④乳酸 ⑤肝臓
3. ①ミトコンドリア ②アセチル CoA ③クエン酸 ④水 ⑤ ATP
4. ①クレアチンリン酸 ② ATP–PCr

第3章

1. ①筋細胞 ②多核細胞 ③筋原線維 ④サルコメア ⑤ミオシン ⑥アクチン
2. ①凸 ②長さ–力 ③重なり ④速度–力 ⑤短縮性 ⑥等尺性 ⑦伸張性
3. ①遅筋 ②速筋 ③毛細血管 ④ミオグロビン ⑤ミトコンドリア ⑥解糖系

第4章

1. ①α運動ニューロン ②運動単位 ③支配神経比
2. ①単収縮 ②加重 ③強縮
3. ①神経筋接合部 ②シナプス間隙 ③情報伝達物質（アセチルコリン） ④ T 管 ⑤筋小胞体
   ⑥カルシウム ⑦興奮収縮連関
4. ①固有受容器 ②筋紡錘 ③ゴルジ腱器官
5. ①筋紡錘 ② Ia 群線維 ③収縮 ④拮抗筋 ⑤ゴルジ腱器官 ⑥ Ib 群線維
   ⑦抑制性介在ニューロン ⑧ Ib 抑制

第5章

1. ①筋肉 ②ヘモグロビン ③内呼吸 ④外呼吸
2. ①ヘモグロビン ②解離 ③上昇 ④右側 ⑤ボーア（Bohr） ⑥受け渡し
3. ①筋 ②呼吸 ③有酸素性 ④最大酸素摂取量 ⑤強度 ⑥時間 ⑦頻度
4. ①脂質 ②糖質 ③換気量 ④二酸化炭素排出量 ⑤無酸素性閾値

第6章

1. ①心房　②心室　③肺（小）循環　④体（大）循環
2. ①心収縮力　②後負荷　③心臓　④静脈還流量　⑤下肢　⑥筋ポンプ作用
3. ①洞房結節　②房室結節　③脚
4. ①直線的　②50〜60％程度　③有酸素性　④1回拍出量　⑤心拍数
5. ①動脈　②静脈　③収縮期（最高）血圧　④拡張期（最低）血圧　⑤高血圧

第7章

1. ①内分泌組織　②標的細胞　③受容体　④生理作用
2. ①恒常性　②50〜60　③水素イオン　④pH　⑤感覚神経（求心性線維）　⑥交感神経活動
3. ①同化　②高める　③テストステロン　④コルチゾール　⑤異化

第8章

1. ①体液　②60　③多　④浸透圧　⑤細胞外液
2. ①血漿　②白血球　③血小板　④ヘモグロビン　⑤酸素
3. ①ヘモグロビン　②鉄欠乏　③溶血

第9章

1. ①筋肉　②脂肪　③骨　④身体組成　⑤水分　⑥タンパク質　⑦脂質　⑧パフォーマンス
2. ①脂肪　②除脂肪体重　③身体組成　④BMI　⑤体重（kg）　⑥身長（m）の2乗　⑦22
3. ①皮下脂肪　②メタボリック　③肥満　④BMI　⑤生活習慣病
4. ①同化　②異化　③肥大　④萎縮

第10章

1. ①上昇　②伝導　③対流　④輻射　⑤蒸発
2. ①核心温度　②外殻温度　③視床下部　④上昇
3. ①酸素　②エリスロポエチン

第11章

1. ①座位　②健康　③活動　④フレイル
2. ①遺伝子変異　②遺伝子多型　③SNP　④ACE　⑤ATCN3

第12章

1. ①利用可能　②無月経　③骨粗鬆症　④女性アスリートの三主徴
2. ①25〜38　②頻発　③3　④3〜7　⑤過長
3. ①月経随伴症状　②下腹部　③月経困難症　④月経前症候群（PMS）　⑤3〜10

索　引

■ 著者一覧

中里　浩一（なかざと　こういち）
日本体育大学保健医療学部　教授
東京大学大学院総合文化研究科博士後期課程修了　博士（学術）
鹿児島県出身
専門は運動生理・生化学
動物や細胞を中心に運動・栄養と筋骨格系組織とのかかわりについて研究を行っている。

岡本　孝信（おかもと　たかのぶ）
日本体育大学体育学部　教授
大阪大学大学院人間科学研究科博士後期課程修了　博士（人間科学）
奈良県出身
専門は運動生理学
さまざまな運動や栄養摂取による心血管系の適応を中心に，健康増進や運動パフォーマンス向上に資する研究を行っている。

須永　美歌子（すなが　みかこ）
日本体育大学児童スポーツ教育学部　教授
日本体育大学大学院体育科学研究科博士前期課程修了　博士（医学）
埼玉県出身
専門は運動生理学
運動刺激に対する生理反応の男女差や月経周期の影響について研究を行っている。

1 から学ぶスポーツ生理学【第 3 版】

2012 年 4 月 23 日	第 1 版	第 1 刷	
2013 年 3 月 21 日	同	第 2 刷	
2015 年 9 月 10 日	同	第 3 刷	
2016 年 3 月 18 日	第 2 版	第 1 刷	
2017 年 2 月 25 日	同	第 2 刷	
2018 年 5 月 10 日	同	第 3 刷	
2020 年 1 月 29 日	同	第 4 刷	
2022 年 3 月 18 日	第 3 版	第 1 刷	

著　者　中　里　浩　一
　　　　岡　本　孝　信
　　　　須　永　美歌子
発行者　長　島　宏　之
発行所　有限会社ナップ
　　　　〒 111-0056　東京都台東区小島 1-7-13 NK ビル
　　　　TEL 03-5820-7522 ／ FAX 03-5820-7523
　　　　ホームページ　http://www.nap-ltd.co.jp/
印　刷　三報社印刷株式会社

© 2022　Printed in Japan　　　　　　　　　　　　ISBN 978-4-905168-70-6